Rainer Kakuska

Meditation –
kurz & praktisch

Herausgegeben von Rainer Kakuska

Rainer Kakuska

Meditation –
kurz & praktisch

Verlag Hermann Bauer
Freiburg im Breisgau

Die Deutsche Bibliothek – CIP-Einheitsaufnahme

Kakuska, Rainer:
Meditation – kurz & praktisch / Rainer Kakuska. –
2. Aufl. – Freiburg im Breisgau : Bauer, 1995
    (… kurz & praktisch)
    ISBN 3-7626-1103-3

Die Reihe »… – kurz & praktisch« erscheint im
Verlag Hermann Bauer KG, Freiburg im Breisgau

Mit 15 s/w-Abbildungen von Dominic Groebner (12) und
Rainer Kakuska (3)

2. Auflage 1995
ISBN 3-7626-1103-3
© 1995 by Verlag Hermann Bauer KG, Freiburg im Breisgau
Alle Rechte vorbehalten
Einband: Designagentur Peter Krafft, Freiburg im Breisgau
Satz und Bildverarbeitung: G. Scheydecker, Freiburg im Breisgau
Druck und Bindung: Clausen & Bosse GmbH, Leck
Printed in Germany

Gedruckt auf chlorfrei gebleichtem Papier

Inhalt

Der lachende Mönch

Die Meditation sollte früh morgens beginnen, trotzdem waren viele schon vor der Zeit gekommen. Denn Lama Sogyal Rinpoche sollte sie leiten, der berühmte Lehrer des tibetischen Buddhismus. Eine solche Gelegenheit wollte man sich nicht entgehen lassen.

Als es dann soweit war, saßen vielleicht 80 Leute im Raum, alle in vorbildlicher Haltung, die Wirbelsäule sehr gerade, das Gesicht sehr ernst. Sogyal, ein kleiner, runder, vitaler Mann, betrat das Podium, sah sich um – und begann zu lachen. *»You know«*, gluckste er, *»in Germany everything is so serious! Everybody says:* Jawohl, Herr Lama!«

Jetzt lachten auch wir. Die aufrechten Wirbelsäulen gerieten ins Wanken, mit der meditativen Haltung war es erst einmal vorbei. Aber wir waren mit einem Mal gelöst, offen für die Worte des Meisters. Er fing nämlich nicht gleich mit dem Meditieren an, sondern hielt einen inspirierenden Vortrag, gespickt mit herrlichen Witzen. Danach blieb gerade noch Zeit für eine kurze Meditation, die aber um so intensiver ausfiel.

Warum, so dachte ich damals, und seither noch oft – warum eigentlich gehen wir an das Thema Meditation oft so unfroh und verbissen heran? Warum setzt jeder, wenn es darum geht, gleich sein spirituellstes Gesicht auf, um zu zeigen, daß er die Sache gewiß nicht leichtnimmt? Woher diese Aura von Pflichterfüllung, diese Sorge, nur ja alles richtig zu machen bei der großen Hausaufgabe der Bewußtseinsentwicklung?

Hat nicht jeder, der meditiert, schon viele Augenblicke

unglaublicher Freude und Leichtigkeit erlebt? Wie oft steht man danach auf, liebt die ganze Welt und dankt seinem Schöpfer, daß man sie erleben darf! Welch ein herrliches Instrument ist den Menschen hier an die Hand gegeben, wie viel Ruhe, Frieden, Einsicht, Glück kann man mit seiner Hilfe erreichen! Ist es nicht tragisch, wenn daraus wieder Pflicht und Last wird?

Aus diesem Gefühl heraus ist das vorliegende Buch geschrieben. Es ist praxisorientiert und eher nüchtern, wird mehr Anweisungen und Empfehlungen enthalten als Lobpreisungen der Meditation. Aber es soll Ihnen auch keine spirituellen Mühlsteine um den Hals hängen.

Wundern Sie sich also nicht, wenn es hier nicht ganz so ernst und heilig zugeht wie anderswo. Wenn die Wirbelsäule nicht immer kerzengerade, die Dauer der Meditation nicht immer festgelegt, die Sitzhaltung nicht immer vorgeschrieben sein muß; wenn die Erleuchtung erst am Ende steht und nicht gleich am Anfang.

Betrachten Sie das Buch als einen Werkzeugkasten voller aufregender, hilfreicher, produktiver Methoden. Nehmen Sie daraus, was Sie anspricht und inspiriert, spielen und experimentieren Sie mit den Techniken, finden Sie selbst heraus, was Ihnen weiterhilft, Ihnen bei der Erforschung Ihrer Seele und der Erweiterung Ihres Bewußtseins nützlich ist.

Und sagen Sie niemals: *Jawohl, Herr Autor!*

Kapitel 1

Auf der Suche nach der wahren Meditation

Die Gretchenfrage

Manche Fragen sind wie die Eröffnung in einem Schachspiel: Ein einfacher Zug stellt die Weichen für alles Weitere.

»Meditieren Sie?« ist so eine Frage. Sie klingt ja erst einmal harmlos genug. Aber beantwortet man sie nicht gleich, sondern achtet statt dessen einen Moment auf die Stimme des Fragers, so hört man eine ganze Reihe von weiteren Fragen mitschwingen, von automatisch getroffenen Annahmen, voreiligen Schlüssen und Werturteilen. Der höfliche Frager spricht sie nicht gleich aus, aber er hat sie im Hinterkopf. Und im Laufe des Gespräches werden sie zutage treten.

Meditieren Sie? Bei den einen heißt das: Etwa? Sind Sie auch einer von denen? Dann brennen Sie sicher zu Hause Räucherstäbchen ab, essen nur vegetarisch, haben den ganzen Tag langweilige New-Age-Musik auf der Stereoanlage laufen und fliegen im Urlaub zu Ihrem Guru nach Indien.

Die anderen denken: Sie meditieren doch hoffentlich? Das will ich mal zu Ihren Gunsten annehmen. Andernfalls müßte ich nämlich daran zweifeln, ob Sie überhaupt ernsthaft an Ihrer persönlichen Entwicklung interessiert sind. Ich würde dann den Verdacht hegen, Sie seien ein Materialist, der nur an Geld und oberflächlichem Vergnügen interessiert ist. Und dann hätte ich wenig Lust, ein längeres Gespräch mit Ihnen anzufangen.

Die Extreme eines Spektrums, gewiß. Aber ohne Zweifel ist das Thema Meditation emotional geladen, es polarisiert, führt weit ins Grundsätzliche.

Wann immer vom heutigen »Esoterik-Boom«, der »Renaissance der Spiritualität« die Rede ist, so kommt die Rede sehr schnell auf Meditation. Offenbar gilt sie Befürwortern wie Gegnern als *die spirituelle Übung schlechthin*.

Die Antwort auf die Gretchenfrage ist also das, was englischsprachige Soziologen einen *social marker* nennen, ein Leitmerkmal, das einen in den Augen der Mitmenschen einer bestimmten Gruppe zuordnet.

Aber seltsam: Jeder glaubt zu wissen, was mit einem los ist, der meditiert – was aber Meditation genau ist, darüber herrscht weitgehend Unklarheit und Konfusion.

Diejenigen, die allem Spirituellen abhold sind, haben damit die wenigsten Probleme. Sie halten das Ganze ohnehin für Unsinn und sind mit ein paar Klischees zufrieden.

Schwieriger wird es, wenn jemand noch keine Erfahrung mit Meditation hat, sich aber dafür interessiert – den Fall gibt es ja gottlob auch, in letzter Zeit sogar immer häufiger.

Was ist Meditation?

Die naheliegende Idee, jemanden zu fragen, der sich damit auskennt, bringt sehr unterschiedliche Ergebnisse. Der Meditierende kann natürlich seine eigene Praxis beschreiben und meist noch ein paar andere Meditationsformen. Wenn es aber um Sinn und Zweck des Unternehmens geht und um seine Wirkungen, werden die Antworten oft sehr diffus. Meist folgt dann bald der Hinweis, all dies sei eigentlich nicht in Worte zu fassen. Was den Frager auch nicht glücklicher macht.

Aber es gibt ja noch Bücher. Viele sogar, auch viele tiefgründige und gelehrte, die das Unsagbare auf mehreren hundert Seiten behandeln. Ihre Autoren sind gerne bereit, dem Leser zu erklären, was Meditation *wirklich* ist.

»Meditation ist inneres, unmittelbares, ganzheitliches und bewußtes Erfahren von geistigen Kräften, von Sinn, von Bewußtsein selbst! Meditation bedeutet fortgesetzte konzentrierte Sammlung unserer Aufmerksamkeit und gleichzeitig sensible Offenheit für das, was sich unserer konzentrierten Aufmerksamkeit als Schau, Erfahrung oder Erleben bietet ... Meditation ist die bewußte Einübung in das Paradox Leben – und damit ist Meditation in sich selbst auch paradox.« (22*). »Meditation meint Verwandlung des überwiegend der Welt zugewandten, aus seiner bloßen Natur und im Bedingten der Welt lebenden Menschen zu dem neuen Menschen, der bewußt in seinem Wesen verankert ist und dieses in seinem Erkennen, Gestalten und Lieben in der Welt in Freiheit zu bekunden vermag.« (5)

Aha. Und was bewirkt sie? »Durch Meditation erschließen wir unerschöpfliche Lebenskräfte, erleben wir die ewige Schönheit unserer Seele, erfahren die unermeßlichen Weiten der Schöpfung und verbinden uns mit dem alles durchdringenden göttlichen Bewußtsein.« (22) »Meditation ist ein Weg zum totalen Bewußtsein, zur umfassenden Wahrnehmungsfähigkeit. Mit Hilfe der Meditation gelingt es, ein Sperrgebiet zu betreten, in dem bislang unerschlossene Ressourcen der Persönlichkeit lagern.« (24)

Ungleich konkreter werden die Ausführungen, wenn es um die Praxis geht. Hier herrschen mit einem Mal sehr klare Verhältnisse. Anweisungen im Imperativ, Urteile ohne Wenn und Aber. So ist es richtig, das ist falsch, tun Sie dies, lassen sie jenes, und zwar täglich zu einer bestimmten Tageszeit!

---

* Zahlen in Klammern nach Zitaten beziehen sich auf die Nummer des zitierten Buches im Literaturverzeichnis auf Seite 195.

Der Leser atmet auf. Dieser Zustand hält so lange an, bis er ein anderes Buch zum gleichen Thema liest. Dann merkt er, daß die Dinge hier ähnlich liegen wie etwa bei der Diskussion um gesunde Ernährung: Jeder Autor sagt etwas anderes.

»Für die Meditation ist es am besten, entweder den vollen oder den halben Lotossitz einzunehmen.

Während der Meditation solltest du aufrecht, mit dem Rücken gegen eine gerade Stuhllehne sitzen.

Meditative Übungen sind am leichtesten, wenn man sich auf einer Couch oder auf dem Bett, auf dem Rücken liegend, die Beine leicht auseinandergespreizt, entspannt.

Du solltest morgens und abends meditieren, niemals jedoch spät abends, es sei denn, du hast vor, die ganze Nacht über aufzubleiben.

Du solltest zur dunkelsten Nachtstunde, mitten zwischen Sonnenuntergang und Sonnenaufgang, meditieren ...« (3)

So sieht es aus, wenn man einfach einmal verschiedene Anweisungen verschiedener Lehrer aneinanderreiht, wie es die amerikanische Psychologin Patricia Carrington in ihrem Werk *Das Große Buch der Meditation* getan hat.

Das ist aber eher die Ausnahme. Die meisten Autoren präsentieren, was sie für die *wahre* und *richtige* – modern würde man sagen die »ultimative« – Form der Meditation halten. Dann raten sie uns dringend davon ab, andere Formen auch nur zu beachten. Kümmern Sie sich um nichts anderes, hier erfahren Sie alles, was Sie brauchen: Das Ergebnis ist, daß der Leser nur einen kleinen Ausschnitt eines riesigen Gebietes kennenlernt.

Denn es ist wahrhaft groß. Selbst eifrige Meditierer sind sich oft nicht darüber im klaren, *wie* viele verschiedene Formen und Techniken es hier gibt.

Wie also rauskommen aus dem Dilemma? Und ist es überhaupt eines?

Übung Nummer eins

Hier eine kleine Imaginationsübung, damit Sie schon einmal auf den Geschmack kommen. Sie müssen dabei noch keine bestimmte Atmung praktizieren und auch nicht den vollen Lotossitz einnehmen.

Stellen Sie sich vor, Sie arbeiten als Verkäufer oder Verkäuferin in der Esoterik-Abteilung eines großen Buchladens. Im Laufe eines Tages fragen mehrere Kunden Sie nach einer guten Einführung in die Meditation.

Es kommt: Ein junges Mädchen mit verträumten Augen, einem Kupferarmband und selbstgefärbten Klamotten. Sie ist gerade in eine Wohngemeinschaft gezogen, und da ist ein recht netter Typ, der ihr geraten hat, sie solle sich doch mehr um ihre spirituelle Dimension kümmern.

Dann erscheint ein sportlicher, dynamischer Mann um die Dreißig, modisch gekleidet, Jungunternehmer. Er überlegt, ob ihm Meditation helfen kann, länger und konzentrierter zu arbeiten.

Sodann: eine Mutter von zwei kleinen Kindern, die sich mehr Ruhe und Gelassenheit wünscht, eine ältere Frau, die gerade aus dem Berufsleben ausgeschieden ist und eine gewisse innere Leere verspürt ... und so fort.

Würden Sie allen Kunden das gleiche Buch empfehlen, wenn darin nur *eine* Methode gelehrt wird?

Moral von der Geschicht: Menschen sind verschieden, haben unterschiedliche Ausgangspositionen, verschiedene Ziele, verschiedene Lebenserfahrungen. Warum sollte es die allein seligmachende Meditationsform überhaupt geben? Merkwürdig, daß man dies so selten liest.

Nach innen gehen

Die Vielfalt der Methoden – die wir noch ausführlich kennenlernen werden – bedeutet allerdings nicht, daß nicht alle gewisse grundlegende Gemeinsamkeiten aufweisen.

Zunächst ist Meditation immer ein bewußtes, absichtliches Heraustreten aus dem Tagesgeschehen, vergleichbar mit dem, was im Eishockey eine »Aus-Zeit« genannt wird: Der Spieler sitzt auf der Bank und nimmt für einen festgelegten Zeitraum nicht am Spiel teil.

Für gewöhnlich verlieren wir uns ja weitgehend in den Ereignissen »da draußen«, verzetteln uns in tausend Wichtigkeiten, bis wir ohne *action* gar nicht mehr sein können: Wenn einmal nichts passiert, »ziehen wir uns etwas rein«, damit nur keine Leere aufkommt.

Interessanterweise huldigt auch die akademische Psychologie schon seit langem der Vorstellung, daß in unserem Inneren nichts passiert, wenn nichts hereinkommt. Obwohl das ihre Vertreter natürlich sehr viel gewählter ausdrücken – dafür sind die Leute schließlich Akademiker. Der Mensch, so haben schon Generationen von Psychologiestudenten gelernt, ist in erster Linie ein »informationsverarbeitendes System«, ähnlich einem Computer, nur ein bißchen komplizierter.

Ein beredter Kritiker dieser Auffassung, der Biologe Francisco Varela, stellt einen schönen Vergleich an, um zu illustrieren, was er für eine realistischere Vorstellung vom menschlichen Bewußtsein hält:

Denken Sie an eine gut besuchte Kneipe, in der die Gäste sitzen und sich angeregt miteinander unterhalten. Von Zeit zu Zeit kommt ein neuer Gast herein. Das verändert natürlich die Situation ein wenig – aber nicht von Grund auf.

Ähnlich ist es auch mit Außenreizen, meint Varela. Sie strömen keineswegs in ein Vakuum und bestimmen, was dort passiert. Sie leisten vielmehr einen Beitrag zu einem sehr komplexen Geschehen, das vorher schon abläuft und das auch gut ohne sie auskäme.

Was mir an dem Bild so gefällt, ist die Verlagerung des

Schwerpunkts. Hier passieren außen wie innen interessante Dinge. Wir *können* zwar gebannt auf die Eingangstür starren und alles andere ignorieren. Aber wenn wir das tun, entgeht uns viel. Und tun wir es nicht, so bricht keineswegs die Welt zusammen.

Das bewußte, zeitlich begrenzte Abkoppeln von der Welt, wie es in jeder Meditation geschieht, ist bereits ein Schritt mit weitreichenden Folgen. Wir geben uns eine Chance, zu erleben, wie es ist, wenn nicht ständig etwas um unsere Aufmerksamkeit schreit, jemand an uns zerrt, auf uns einredet. Wir erleben, wie wir sind, wenn man uns in Ruhe läßt und wir uns selbst Ruhe gönnen.

Augenblicklich ruhig sind wir damit aber bestimmt nicht. Eher läuft unser Innenleben erst einmal zur Höchstform auf. Um im vorigen Bild zu bleiben: In der Kneipe geht es hoch her.

Hier folgt dann der zweite Schritt, den alle Wege der Meditation gemeinsam haben: Es wird dafür gesorgt, daß im Inneren Ruhe einkehrt. Stille, Schweigen, Friede. Keine Kämpfe, keine Hektik, keine Verpflichtungen, keine Gedanken. Reines Sein.

Erst wenn diese Ruhe erreicht ist, beginnen sich all die Phänomene anzubahnen, über die in der Literatur so viel geschrieben wird: die Begegnung mit dem Höheren Selbst, die Transzendenz von Raum und Zeit, das kosmische Bewußtsein – also jene Dimension, die Meditation als die spirituelle Übung schlechthin erscheinen läßt, die sie überhaupt erst in einen religiösen Rahmen stellt.

Aber wie gelangt man dorthin? Das ist die Kernfrage aller meditativen Technik. Die verschiedenen Antworten, die auf sie gegeben werden, machen die Vielfalt der Meditation aus.

Dieses Buch hier

Mit Hilfe der meisten hier beschriebenen Techniken könnten Sie den Weg des Mystikers gehen, genügend Zeit, Entschlossenheit und Hingabe vorausgesetzt. Mir ist aber klar, daß der Großteil der Leser das nicht tun wird. Ich schreibe also für Leute, die ein normales Leben führen, die Verpflichtungen, soziale Bindungen und viele andere Interessen haben.

Es wird eine breite Palette unterschiedlicher Meditationsformen ausgebreitet werden, worunter sich sowohl klassische wie eher unorthodoxe Methoden finden. Vorübungen werden mehr Raum einnehmen als in anderen Werken.

Auf Werturteile werde ich weitgehend verzichten. Wie schon gesagt, halte ich nicht viel von einer Vorauslese durch den Autor. Ich sage Ihnen, was Sie tun *können*, Sie entscheiden, was Sie tun *wollen*.

Abgesehen von einigen Ausnahmen sind alle Methoden so beschrieben, daß Sie sie ohne weitere Informationen nachvollziehen können. Sie werden also in die Lage versetzt, zwei zentrale Fragen selbst zu beantworten: 1. Was ist Meditation? und 2. Was bewirkt sie?

Dafür schlage ich folgende Strategie vor: Lesen Sie das Buch erst einmal durch und probieren Sie zunächst nur Meditationen aus, die Sie besonders interessieren. Am Ende des praktischen Teils haben Sie einen Überblick über das, was möglich ist.

Auch werden Sie ein Gefühl dafür bekommen, in welche Richtung Sie weiterarbeiten wollen. Wenden Sie sich diesen Meditationsformen dann ernsthafter zu, aber immer noch in dem Bewußtsein, daß Sie sich in der »Testphase« befinden.

Das bedeutet: Versuchen Sie nicht, bereits abschließende Urteile zu fällen, aber betrachten Sie dennoch genau, wie sich die Methode auswirkt. Achten Sie nicht nur darauf, wie Sie sich *in der Meditation* fühlen – das tut man ohnehin von selbst –, sondern auch, wie es Ihnen während der restlichen Zeit des Tages ergeht. Wer ein- oder zweimal am Tag großartige Gefühle erlebt, hat zwar auch schon etwas gewonnen, aber das volle Potential dieses Weges nicht ausgeschöpft. Er kann einen ja grundlegend verändern; und das muß sich überall im Leben des Übenden bemerkbar machen.

Was Sie sich von der Meditation erhoffen, wissen Sie selbst am besten. Tritt es ein? Werden Sie ruhiger, klarer, freundlicher? Spüren Sie weniger Spannungen, mehr Energie, können Sie sich besser konzentrieren? Geht es Ihnen gesundheitlich besser? Ärgern Sie sich seltener, machen Sie sich weniger Sorgen um die Zukunft? Nicht, daß dies alles sofort eintreten wird – aber in die Richtung sollte es schon gehen, damit die Unternehmung Meditation einen Sinn hat.

Wenn Sie so vorgehen, werden Sie nicht in Gefahr kommen, sich in eine methodische Sackgasse zu verrennen, wie man das nicht selten bei Meditierenden sieht, die zäh an einer bestimmten Richtung festhalten, obwohl sie ihnen nichts bringt, vielleicht sogar schadet.

Wie lange man eine bestimmte Methode erproben sollte, darüber gibt es die unterschiedlichsten Ansichten. Ich halte pauschale Empfehlungen für sinnlos – zu viel hängt von der Person des Übenden und von der Meditationsform ab. Mit ein paar Probesitzungen ist es sicher nicht getan, sonst handeln Sie wie der Skeptiker, der verkündet: »Klavierspielen ist nicht möglich. Ich habe es mehrmals probiert, und es ist nichts dabei herausgekommen.«

Sollten Sie sogleich positive Wirkungen verspüren, so werden Sie ohnehin keinen Grund zum Aufhören sehen. Falls aber nicht, ist zwischen zwei Möglichkeiten zu unterscheiden: Entweder die Methode führt zu unangenehmen Zuständen – dann hören Sie sogleich damit auf. Niemand zwingt Sie zu irgend etwas, alles andere wäre unnötiges spirituelles Heldentum. Besteht das Problem aber darin, daß Sie »nichts merken«, so würde ich Geduld walten lassen. Gerade subtile Verfahren brauchen oft Zeit, um ihre Wirkungen zu entfalten. Hier sollten Sie dann – als Faustregel – etwa drei Wochen üben, bevor Sie eine Entscheidung treffen.

Warten Sie aber bitte nicht ungeduldig auf die ersten Anzeichen von Erleuchtung, auf all die großartigen kosmischen Bewußtseinszustände, die einem die Autoren immer so leichtfertig versprechen. Die können am Ende eines langen Weges auftreten und brauchen Sie in der Anfangsphase nicht zu beschäftigen; überhaupt *geschehen* sie eher, als daß man sie herbeiführt.

Mehr über solche Fragen steht in den Kapiteln 15 bis 17. Sie werden relevant, wenn Sie sich langfristig und im Ernst den Formen der Meditation widmen, für die Sie sich entschieden haben.

Der Autor himself

Ich meditiere seit etwa 20 Jahren. In dieser Zeit habe ich, wie das so meine Art ist, viele verschiedene Dinge ausprobiert und einige sehr intensiv über einen längeren Zeitraum praktiziert, ohne dadurch an einer Technik »hängenzubleiben«.

Ich war (wie das wohl auch meine Art ist) nie an eine bestimmte Sekte gebunden, bin keinem traditionellen Weg und keinem Guru verpflichtet. Sie werden hier also nicht missioniert; das überlasse ich anderen.

Ich meditiere täglich und setze dabei verschiedene Methoden ein, je nach innerer Befindlichkeit, äußeren Umständen und kosmischer Großwetterlage. Konsequent ist das nicht, aber hilfreich.

Dies nur, falls es Sie interessiert. Was für Sie am besten ist, müssen Sie selbst herausfinden.

Kapitel 2

Der äußere Rahmen

Ein Ort der Ruhe

Wenn Meditation ein deutliches Heraustreten aus Ihrem Tagesablauf sein soll, müssen Sie ihr zunächst einen besonderen Rahmen geben. Sie teilen sich damit selbst mit: Ich meditiere.

Dies wird Ihnen besonders am Anfang das Eintreten in den Bewußtseinszustand, den Sie anstreben, erleichtern. Nach einiger Zeit werden die Umstände, die Sie gewählt haben, für Sie zum Signal, das den meditativen Zustand vorbereitet und schon ein wenig hervorruft.

Ein eigener Raum, der nur für die Meditation reserviert ist, wäre gewiß das Beste; aber wieviel Leute haben schon einen Raum zuviel in ihrem Haus oder in ihrer Wohnung? Statt dessen können Sie einen bestimmten Platz wählen, an dem Sie von nun an immer meditieren werden.

Richten Sie diesen Platz so ein, daß er Ruhe und Sammlung fördert. Ich drücke das deshalb so allgemein aus, damit Sie von Anfang an überlegen und fühlen, was für *Sie persönlich* paßt. Ein paar Dinge sind naheliegend:

Keine Störungen. Also Telephon auf leise, oder Anrufbeantworter ein und die Lautstärke auf Null. Andere Lärmquellen beseitigen, soweit dies möglich ist. Überprüfen Sie, ob Sie die Stromversorgung Ihrer Türklingel unterbrechen können.

Die Mitmenschen lassen sich nicht so leicht ruhigstellen. Wenn Sie Kinder haben und bisher der Meinung waren, daß diese jederzeit ein Anrecht auf Ihre Aufmerksamkeit haben, dann wird Ihnen wohl nichts anderes übrigbleiben, als neue Regeln einzuführen.

Haustiere sind meist sehr sensibel für die Stimmungen ihrer Bezugspersonen, legen sich oft hin und meditieren gleich mit.

Alles, was Ihnen körperliches Unbehagen bereitet, werden Sie in der Meditation viel stärker spüren als sonst: beengende Kleidung, voller Bauch, grelles Licht und ähnliches. Alkohol bringt schon in kleinen Mengen die Psyche aus dem Gleichgewicht, was ja nicht immer unangenehm sein muß, in der Meditation aber stört. Ebenso ist es mit Nikotin und Psychopharmaka.

In welche Himmelsrichtung soll man blicken? Das ist nicht nebensächlich. Zivilisationsmenschen nehmen zwar Himmelsrichtungen nicht mehr bewußt wahr, unbewußt aber schon, wie inzwischen sogar die Wissenschaft herausgefunden hat. Oft wird empfohlen, in Richtung Osten zu sitzen. Eine andere Möglichkeit ist, sich am Lauf der Sonne zu orientieren: also morgens gen Osten, mittags in Richtung Süden, abends nach Westen, mitten in der Nacht (darauf kommen wir gleich) nach Norden. Ausschlaggebend ist Ihr Gefühl.

Auch die geomantische Beschaffenheit, die »Erdenergien« des von Ihnen gewählten Platzes, sind wichtig. Entweder Sie überprüfen sie mit Hilfe von Pendel oder Wünschelrute, sofern Sie diese Kunst beherrschen, oder Sie bemühen einen Spezialisten. Wenn Sie das nicht wollen, können Sie eine Sitzung ausschließlich der Qualität des Ortes widmen und versuchen, sie intuitiv zu erspüren.

Um die Zeit der Meditation als etwas Besonderes hervorzuheben, können Sie Gegenstände, die Ihr Herz erfreuen, in Ihre Nähe stellen. Vielleicht wollen Sie eine Kerze anzünden. Räucherstäbchen sind nicht Pflicht! Das gleiche gilt für Blumen, besonders Schnittblumen. Immerhin ist eine Pflanze nicht nur Dekoration, sondern ein Lebewesen, mit dem Sie vielleicht im Zustand der Öffnung in tiefe Verbindung treten werden. Mir persönlich ist nicht wohl bei dem Gedanken, daß da ein Wesen in einem Gefäß seinem baldigen Tod entgegenwelkt, nur damit ich eine gute Atmosphäre im Raum habe.

All dies sind nur Hinweise. Es geht um die Förderung einer bestimmten Bewußtseinslage. Auch werden verschiedene Methoden einen unterschiedlichen Rahmen erfordern. Außerdem kann sich Ihre Reaktion auf die Bedingungen mit der Zeit ändern.

Zeitpunkt

Häufig wird empfohlen, zweimal am Tag zu meditieren, »am besten früh am Morgen und abends vor dem Schlafengehen«. Beide Empfehlungen haben es in sich.

Der *frühe Morgen* hat den Vorteil, daß Sie die Zeit leicht gewinnen können, indem Sie früher aufstehen als üblich. Auch sind Sie noch unbelastet von den Tagesereignissen, und ringsum herrscht Ruhe, sowohl akustisch wie auch mental. Es sind also noch nicht so viele menschliche Bewußtseine auf vollen Touren; da man in der Meditation sehr empfänglich für telepathische Einflüsse wird, ist das von Bedeutung.

Sollten Sie ein Mensch sein, der frisch und ausgeruht aufwacht und mit dem Traumleben der letzten Nacht abgeschlossen hat, so werden Sie den frühen Morgen genießen, unschuldig wie ein leeres Blatt Papier. Viele Leute – und gerade introvertierte, die es besonders zur Meditation zieht – stehen aber noch geraume Zeit sozusagen mit einem Bein in ihren Träumen. Wenn die sich ohne Übergang zur Meditation hinsetzen, kann daraus leicht eine Fortsetzung der nächtlichen Dramen werden.

In diesem Fall müssen Sie darauf achten, eine klare Zäsur zu setzen. Notieren Sie den Traum in Stichworten, oder sprechen Sie ihn auf Band; er ist damit sicher aufbewahrt, Sie können später noch darüber nachdenken und ihn jetzt erst einmal vergessen.

Wenn Ihnen die Nacht »nachhängt« – sei es aus Gründen des Traumlebens, oder weil Sie einfach schlecht geschlafen haben –, so sollten Sie die *Vorbereitenden Übungen* in Kapitel 4 besonders ernst nehmen.

Abends vor dem Schlafengehen ist die Wahrscheinlichkeit besonders groß, daß der Vorsatz mit der Wirklichkeit kollidiert. Es mag zwar nicht vernünftig sein, kommt aber immer wieder vor, daß man sehr müde ist, bevor man zu Bett geht. Gewöhnliche Menschen sehen auch gelegentlich fern oder kommen aus dem Kino und sind von dem, was sie gesehen haben, aufgewühlt. Manchmal war man in der Kneipe oder auf einer Party, bei der Alkohol getrunken wurde. In diesen Situationen ist es nicht sehr weise, nur deshalb zu meditieren, weil man »eigentlich soll«.

Finden Sie also bezüglich des Zeitpunkts der Meditation einen praktikablen Kompromiß, der sie so wenig wie möglich mit anderen Erfordernissen Ihres Lebens in Konflikt bringt. Übergangsphasen eignen sich besonders gut: zum Beispiel vor dem Beginn der Arbeit, nach der Mittagspause, vor dem Feierabend. Menschen mit chronisch unregelmäßigen Tagesabläufen (etwa Journalisten oder Piloten) geben am besten von vornherein die Idee auf, immer zur gleichen Zeit zu meditieren.

Mitten in der Nacht: Viele spirituelle Traditionen des Ostens bezeichnen »die Mitte zwischen Sonnenuntergang und -aufgang« als den besten Zeitpunkt zum Meditieren. In einem Kloster im Himalaya läßt sich dies auch problemlos einrichten; unserem Kulturkreis erscheint es jedoch als sehr radikaler Schritt, den Schlaf so grausam zu unterbrechen.

Trotzdem – wer es ausprobiert, wird die Mönche verstehen. Mitten in der Nacht scheint der Geist auf eine ganz besondere Weise empfänglich zu sein, ringsum herrscht eindrucksvolle Stille. Das nächtliche Aufstehen fällt auch bald nicht mehr so schwer, wie man zunächst gedacht hat. Schwieriger wird es am nächsten Morgen: Nach der Meditation versinkt man nämlich oft in ungeahnte Schlaftiefen, aus denen man nur mit Mühe ins Wachbewußtsein zurückfindet. Für den Anfänger ist diese Zeit also bestimmt nicht zu empfehlen, für den Fortgeschrittenen schon.

Dauer

Hier gibt es zwei verschiedene Strategien: sich steigern, das heißt von kurzen Zeiten zu immer längeren übergehen, oder gleich mit der Zeit anfangen, die man ständig einhalten will, und sich an sie gewöhnen.

Das Steigern ist einfach: Sie fangen mit fünf Minuten an und verlängern die Zeit, sobald Sie am Ende der Meditation bedauern, daß sie schon vorbei ist. Gehen Sie gleich über die volle Zeit, so müssen Sie am Anfang Geduld aufbringen und Nachsicht mit sich selbst, weil Sie vermutlich nicht sehr lange konzentriert bei der Sache sein werden.

Aber wie lange? Hier hat jede Schule und jeder Lehrer feste, oft dogmatische Vorstellungen. Eine Dauer von 20 Minuten scheint ein praktikabler Kompromiß zu sein, kurz genug für Ungeduldige und Beschäftigte, lang genug, um Wirkung zu zeigen. Aber auch zehn oder fünf Minuten sind besser als null. Andererseits kann es ein außergewöhnliches Erlebnis sein, an ruhigen Tagen, wo man einmal viel Zeit hat, wirklich lange zu meditieren (freilich ohne daß es zur Strapaze wird).

Deshalb schlage ich vor, sich ab einem gewissen Grad der Übung an verschiedene Standardzeiten zu gewöhnen. So sind Sie flexibler und müssen nicht eine Meditation schon deshalb ausfallen lassen, »weil leider nicht genug Zeit ist«.

Darüber hinaus erfordern nicht alle Techniken die gleiche Dauer, manchmal sind sie durch ihren Aufbau auch zeitlich vorstrukturiert.

Zeitmessung

Ein seltsam vernachlässigtes Problem: Wie weiß man, daß die Zeit um ist? Ständiges Schielen nach der Uhr ruiniert die schönste Versenkung; eine mechanische Küchenuhr ebenso, weil ihr Laufgeräusch in der Stille penetrant wird. Elektronische Timer sind geräuschlos und mittlerweile auch billig, aber ihr Piepsen ist kein Laut, von dem man zurück in die Welt gerufen werden möchte.

In Gruppen schlägt meist der Gruppenleiter (der dann doch nach der Uhr schielt) einen Gong, eine Zimbel oder eine tibetische Klangschale an. Das ist optimal. Damit Sie auch in den Genuß dieses Erlebnisses kommen, wenn Sie allein meditieren, hier eine Lösung, die allerdings etwas Technik erfordert:

Sie brauchen einen Kassettenrecorder, der aufnehmen kann und einen Lautsprecher hat. Außerdem ein Gerät, das einen schönen Klang erzeugt, entweder eines der genannten Instrumente oder eine Stimmgabel, ein Glas oder ähnliches. (Spezialtip: eine Konzertgitarre auf dem mittleren E, da schwingen zwei leere Saiten mit).

Nun legen Sie eine unbespielte Kassette in den Recorder ein und nehmen über Mikrophon den Ton auf. Dann lassen Sie das Gerät auf Wiedergabe so lange laufen, wie die Meditation dauern soll, schalten wieder auf Aufnahme und erzeugen den Ton ein zweites Mal. Jetzt haben Sie ihren »elektronischen Gruppenleiter«, der fortan den Gong für Sie schlagen wird. Auf diese Weise können Sie auch verschiedene Zeiten markieren (zum Beispiel alle 20 Minuten), oder verschiedene Bänder für Ihre verschiedenen Standardzeiten anfertigen.

Zeitlos

Experimentieren Sie auch einmal damit, *sich überhaupt keine bestimmte Meditationsdauer vorzunehmen.* Anfangs werden Sie da wohl etwas den Boden unter den Füßen verlieren.

Denn nun können Sie nichts mehr falsch oder richtig machen, und mit dem Zustand muß Ihr Gewissen erst einmal fertig werden. Außerdem verändert sich in der Meditation oft die Wahrnehmung der Zeit; manchmal scheint sie regelrecht still zu stehen. Diese Übung ist also eine hervorragende Gelegenheit, die eigene Reaktion auf einen unstrukturierten Zustand zu beobachten.

Keine Zeit

Immer wieder hört man, daß jemand eigentlich gerne meditieren würde, aber nicht weiß, »wo er die Zeit dafür hernehmen soll«. Diese Sorge plagt auch den entschlossenen Anfänger.

Ausnahmsweise haben wir hier einmal ein Problem, das leichter zu lösen ist, als es den Anschein hat. Meditieren verringert nämlich den Schlafbedarf. Darüber hinaus kann es nie schaden, den eigenen Tagesablauf zu betrachten: Wieviele Dinge tun Sie, die Ihnen eigentlich weniger wichtig sind als die Meditation?

Exkurs über die Disziplin

Feste Gewohnheiten fördern die Übung. Beim Trainieren von Bewegungsabläufen, wie etwa im Sport, leuchtet das unmittelbar ein. Auch beim Erlernen eines Musikinstruments wird der Schüler dazu angehalten, jeden Tag eine bestimmte Zeit lang zu üben, er spielt jeden Tag die gleichen Übungen und geht meist am gleichen Wochentag zum Unterricht.

Bewußtseinsabläufe lassen sich bis zu einem gewissen Grad ebenso einüben. Das bezwecken die Ermahnungen zur Regelmäßigkeit: der feste äußere Rahmen, die festen Zeiten, die festgesetzte Dauer, all das soll bewirken, daß das Bewußtsein den Eintritt in die Meditation so schnell und mühelos vollzieht wie die Finger des Pianisten eine Tonleiter.

Was da vor sich geht, nennen die Psychologen einen »konditionierten Reflex«. Paradebeispiel für diesen Vorgang ist der berühmte Hund des Professor Pawlow. Kurz bevor er gefüttert wurde, erklang immer eine Glocke. Das Ergebnis war, daß dem Tier bald schon bei diesem Ton allein das Wasser im Mund zusammenlief.

Finden Sie diesen Vergleich etwas deplaziert, peinlich? Genau darauf möchte ich hinaus: Wenn es um unsere Selbstverwirklichung geht, möchten wir eigentlich nicht gerne mit einem dressierten Hund verglichen werden. Diesem Gefühl sollte man nachgehen.

Beim Erlernen der Meditation erleben wir erst einmal die produktiven Wirkungen der Routine. Sie hilft uns, die tägliche Unterbrechung des Tagesablaufs, die »Umschaltung« unseres Bewußtseins, leichter vorzunehmen. Aber jede Routine erreicht irgendwann einen Punkt, wo sie in Beschränkung umkippt.

An Musikern kann man das sehr gut beobachten: Werden sie »klassisch« ausgebildet, so können sie es gewiß zu großer Meisterschaft bringen. Aber sie sind erstens sehr davon abhängig, regelmäßig zu üben, zweitens brauchen sie zeit ihres Lebens jemanden, der ihnen sagt, was sie spielen sollen – den Komponisten und seine Noten.

In der Volksmusik hingegen (auch im Jazz und Rock) wimmelt es von Musikern, die niemals geübt, immer nur gespielt haben. Trotzdem beherrschen sie ihre Kunst oft genauso meisterhaft. Und: Sie können jederzeit aus dem Stand Musik machen, können ohne Noten und ohne Probe frei improvisieren.

Wollen wir also »klassische Meditierer« werden, Virtuosen der Kunst des Sitzen-und-nichts-Denkens, des bewußten Atmens, des Mantra-Hersagens? Oder doch lieber eines Tages fähig, den in der Meditation erfahrenen Bewußtseinszustand jederzeit hervorzurufen, auch im Alltag? Wie immer Sie das beantworten – auf jeden Fall ist diese Frage wert, bedacht zu werden.

Prüfen Sie bei jeder Anweisung, wie lange sie Ihnen hilft und ab wann sie Sie versklavt. Dafür ist eine einfache Übung hilfreich, von der Sie, nebenbei bemerkt, in vielen Situationen profitieren können: Beobachten Sie Ihr Denken.

Wann immer Sie sich bei dem Gedanken ertappen »Oh, verdammt, meditieren muß ich ja auch noch!«, ist es Zeit innezuhalten und zu fragen: Was läßt mir die Übung zur Pflicht werden? Möchte ich fremden Wünschen und Vorstellungen gerecht werden? Was kann ich verändern, damit es wieder anders wird?

Kapitel 3

Meditationshaltungen

Sit-Zen

Wie stellt ein Cartoonist einen Meditierenden dar? Im »Schneidersitz« natürlich, das heißt auf dem Boden sitzend und mit gekreuzten Beinen. Diese Haltung ist derart zum Klischee geworden, daß viele Leute an gar keine andere mehr denken können, wenn es ans Meditieren geht.

Das hat schon zahllosen Übenden eine sehr intensive Auseinandersetzung mit ihren steifen Beinen eingebracht. Oft war der heimliche Fokus ihrer Meditation lange Zeit nichts Erhabeneres als »Knieschmerzen« oder »Krampf im Oberschenkel«.

Entkrampfen wir also auch dieses Thema. Viele der Praktiken, die im Zuge der Rückbesinnung auf Spiritualität bei uns wieder aufkommen, stammen aus dem Osten, wo sie über die Zeiten lebendig geblieben sind. Das heißt aber auch: aus Kulturen, wo man ohnehin am Boden sitzt. Auf den Knien oder mit gekreuzten Beinen am Boden zu sitzen hat dort für sich genommen noch nichts Spirituelles an sich.

Wenn also geübte Meditierende, wie man das oft beobachten kann, stolz darauf sind, eine östliche Sitzhaltung lange durchhalten zu können, so ist dies nicht nur ein Ausdruck von Leistungsdenken; es beruht auch auf einem Mißverständnis.

Wohl hat jede Haltung, also auch die östlichen, ihre energetischen Besonderheiten, auf die ich noch eingehen werde. Das Erlernen eines ungewohnten Sitzes gleich an

den Anfang der Meditation zu stellen, halte ich aber für
unklug. Da gibt es zunächst Wichtigeres.

Auf einem Stuhl

Bei uns sitzt man auf Stühlen. Fangen Sie also damit an,
wenn Ihnen das Sitzen auf dem Boden Mühe bereitet.

Da Ihre äußere Haltung der inneren, die Sie anstreben,
ähneln soll, kommt lümmeln nicht in Frage. Setzen Sie
sich aufrecht hin, stellen Sie die Sohlen schulterbreit flach
auf den Boden. Ideal ist es, wenn die Knie einen rechten
Winkel bilden.

Dazu muß aber die Höhe der Sitzfläche zu Ihren persönlichen Körpermaßen passen. Sie läßt sich meist nicht
verstellen – Klavierhocker und Bürostühle ausgenommen.
Sie können sich behelfen, indem Sie etwas auf die Sitzfläche legen oder eine Fußstütze verwenden, je nachdem.

Die Hände können flach auf den Oberschenkeln liegen
oder in einem der »Mudras« gefaltet sein, die gleich beschrieben werden.

Auf dem Kissen

Auf dem Boden sitzen ist sehr viel einfacher, wenn das
Gesäß etwas über Bodenniveau gehoben wird. Gewöhnliche Kissen, auf denen wir normalerweise unser Haupt betten, sind dafür nicht besonders geeignet, weil zu weich.
»Professionelle« Meditationskissen sind hart gestopft und
kreisrund, wobei der Durchmesser nicht größer als 30
Zentimeter sein sollte. Man bekommt sie in Geschäften
für Bewußtseins-Erweiterungs-Zubehör und in spirituellen
Buchläden.

Als klassische Sitzhaltung wird immer wieder der »volle
Lotossitz« bezeichnet. Dabei ruht die Oberseite eines
Fußes, der Spann, auf dem Oberschenkel des jeweils an-
deren Beins. Die Beine sind also verschränkt, der Körper

symmetrisch und im Gleichgewicht (Abbildung 1). Das merkt man auch daran, daß man in dieser Haltung einschlafen kann, ohne umzufallen – ein Umstand, den altgediente Zen-Mönche sehr schätzen.

Für den Westler hat der Lotossitz den entscheidenden Nachteil, daß er zunächst zu höllischen Spannungen in den Beinen führt. Ein Kompromiß ist der »halbe Lotossitz«, bei dem nur ein Fuß auf dem gegenüberliegenden Oberschenkel ruht.

Man kann auch ganz darauf verzichten, die Beine zu kreuzen, und trotzdem noch sehr zentriert sitzen: Man legt ein Bein so, daß der Unterschenkel ganz auf dem Boden liegt und zieht die Ferse möglichst nahe an den »Schritt« (also bei den Männern an die Hoden; die Frauen haben dort mehr Platz). Das andere Bein kommt direkt davor, auch so, daß der Unterschenkel voll auf dem Boden ruht (Abbildung 2). Diese Haltung können Angehörige unseres Kulturkreises meist einnehmen, ohne sich zu quälen.

Meditationsbänkchen

Dabei sitzen Sie auf den Fersen, die Knie ruhen auf dem Boden. Da nach einiger Zeit die Spannung in den Knien zu groß wird, braucht das Gesäß Entlastung. Hier kommt nun das Meditationsbänkchen im wahrsten Sinne des Wortes zum Tragen (Abbildung 3). Es ist dies ein schmales, nach vorne geneigtes Brett, das auf zwei niedrigen Stützen ruht (Abbildung 4). Mit etwas Geschick läßt sich ein solches Bänkchen leicht selbst anfertigen. Es gibt sie aber auch zu kaufen, manchmal in hoher handwerklicher Qualität und schön anzusehen.

Ergonomische Stühle

Zuweilen auch *Balans*-Stühle genannt, führen diese Sitzgelegenheiten zu einem Kompromiß zwischen sitzen und

Abb. 1:
Voller Lotossitz

Abb. 2:
Sitzen mit ungekreuzten Beinen

Abb. 3:
Kniesitz

Abb. 4:
Meditationsbänkchen

knien. Das Körpergewicht ruht zum Teil auf dem Gesäß, zum Teil auf den Unterschenkeln, die auf kleinen, schrägen Stützen aufliegen. Auch hier wird das Becken nach vorn gekippt, die Wirbelsäule wird dadurch gerader als beim Sitzen auf einem normalen Stuhl. Ergonomische Stühle sind allerdings teurer als Bänkchen und Kissen.

Mudras

In der indischen Medizin wird der Energiefluß im Körper dadurch beeinflußt, daß man bestimmte Finger in ganz bestimmten Konfigurationen lange Zeit aneinanderhält. Diese Fingerstellungen werden Mudras genannt; ihr Einsatz ist eine Kunst für sich.

Auch in der Meditation spielt die Haltung der Hände eine große Rolle. Drei Handstellungen kommen besonders in Frage:

1. Die linke Hand liegt locker in der rechten, die Handflächen zeigen nach oben. Die beiden Daumen berühren einander leicht (Abbildung 5). Die Unterarme ruhen auf den Oberschenkeln.

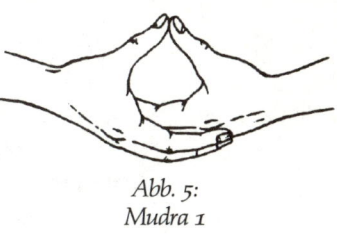

Abb. 5:
Mudra 1

2. Daumen und Zeigefinger jeder Hand berühren einander so, daß sie einen Kreis bilden. Die restlichen Finger sind ausgestreckt, aber nicht angespannt (Abbildung 6). In dieser Stellung ruhen die Hände auf den Knien.

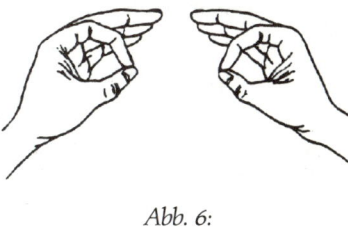

Abb. 6:
Mudra 2

3. Die Hände sind ineinander verschränkt.

Den subtilen Einfluß dieser Haltungen auf Ihr Befinden können Sie am besten dadurch erfahren, daß Sie ausgiebig mit Ihnen experimentieren. Danach werden Sie sich vielleicht für eine Stellung entscheiden; Sie können aber auch je nach Stimmung und Zweck der Meditation verschiedene einsetzen.

Haltung Nummer drei hat einen interessanten Aspekt: Fast alle Menschen legen dabei immer die rechte oder immer die linke Hand nach oben, ohne darüber nachzudenken. Ändern Sie einmal dieses gewohnte Muster. Sie werden überrascht sein, wie seltsam sich das anfühlt. Auf diese Weise bekommen Sie einen Eindruck von der Wichtigkeit solcher Details.

Liegen

Oft wird von der liegenden Haltung abgeraten, weil dabei die Gefahr besteht, einzuschlafen. Das stimmt. Aber erstens gibt es Schlimmeres; außerdem bietet die Position den Vorteil, daß der Körper wirklich entspannen kann und einen in der Meditation nicht über Gebühr beschäftigt.

Am besten liegt man auf einer harten Unterlage auf dem Rücken. Die Arme können locker ausgestreckt neben dem Körper ruhen oder über dem Solarplexus gefaltet werden. In dieser Haltung können Sie sehr lange meditieren (vorausgesetzt, siehe oben, Sie entschlummern nicht).

Stehen

Meditieren und dabei stehen scheint für viele Leute nicht zusammenzupassen. Aber es geht sehr gut. Voraussetzung ist nur, daß Sie balanciert stehen; andernfalls wird es schnell ermüdend.

Sie »stramme Haltung«, auf die man beim Militär gedrillt wird, ist völlig ungeeignet. Zwar ist der Körper dabei gerade wie ein Ladestock, aber die Wirbelsäule krümmt sich im Kreuz. Auch ist man in dieser Haltung nicht im Gleichgewicht. Ein Gegner hat es dann leicht, einen zu Fall zu bringen – woran wieder einmal deutlich wird, daß moderne Armeen keine echten Krieger hervorbringen.

Die Grundhaltung vieler östlicher Kampfkünste zeigt, wie man wirklich stabil und ausgeglichen dasteht: Füße parallel in Schulterbreite, Knie leicht durchgedrückt, Kinn etwas angezogen. Die Arme hängen locker seitlich herab.

In diesem Buch werden Sie viele Meditationen kennenlernen, die im Stehen durchgeführt werden.

Die gerade Wirbelsäule

Immer wieder wird betont, daß bei der Meditation die Wirbelsäule gerade sein sollte. Das hat zwei Gründe. Einmal entsteht auf diese Weise wenig Spannung im Körper; vor allem ruht der Kopf entspannt auf der Wirbelsäule, ohne durch Kontraktion der Nackenmuskeln gehalten zu werden (ein Fehler, den wir im Alltag oft machen). Zweitens können Energien ungehindert entlang der »Hauptachse« des Körpers fließen.

Die richtige Position ermitteln Sie am besten dadurch, daß Sie die Wirbelsäule zu Beginn der Meditation gezielt aus dem Gleichgewicht und wieder zurück bringen. Sie pendeln also so lange nach rechts und links, bis Sie sicher sind, wo für Sie genau die Mitte liegt. Dann wiederholen Sie diese Prozedur nach vorne und hinten. Hilfreich kann dabei die Vorstellung sein, Ihre Wirbelsäule sei ein Stapel Münzen, den Sie geraderichten müssen. Oder Sie stellen sich vor, Ihr Kopf sei an seinem höchsten Punkt aufgehängt wie der einer Marionette.

Wie dann Ihre Wirbel tatsächlich übereinanderliegen, können Sie natürlich ohne äußeren Beobachter nicht feststellen; und schnurgerade ist die Wirbelsäule ohnehin nie. Es geht hier um das subjektive Empfinden, genau »auf Mitte« zu sein.

Körpersprache

»Die Alten empfingen ihre Götter stehend«, schrieb der italienische Philosoph Julius Evola einmal. Damit wollte er vor allem eine innere Haltung kennzeichnen – was ihm mit dieser Metapher gelungen ist.

Körperhaltungen sind eine deutliche Botschaft an unsere Mitmenschen, aber sie wirken auch auf den zurück, der sie einnimmt. In welcher Haltung wir »unsere Götter empfangen«, oder auch die Inspiration, ist nicht gleichgültig.

Im Stehen fühlen wir uns »ungebeugt«, stolz, wachsam. Die östliche Art zu sitzen bringt uns dem Boden nahe (auch wenn der Boden vielleicht ein paar Stockwerke über der Erde liegt). Der Körper würde dabei in ein großes Ei passen, und dieses Gefühl vermittelt die Haltung auch: geschlossen, kompakt, gesammelt, geborgen. Werden die Hände zusammengelegt, so entsteht zusätzlich noch ein geschlossener Kreislauf der Energie. Liegend schließlich sind wir bereit, uns dem Geschehen anzuvertrauen und den Körper weniger zu beachten. Wir werden dadurch auch empfänglicher für äußere Einflüsse.

Spüren Sie also, bevor Sie eine bestimmte Meditationshaltung einnehmen, den Empfindungen nach, die sie in Ihnen auslöst. Entscheiden Sie erst dann, ob Sie einer Anweisung folgen wollen oder nicht.

Kapitel 4

Vorbereitende Übungen

Allzu unvermittelt mit der Meditation zu beginnen birgt die Gefahr in sich, daß man Bedingungen aus dem Alltag in die Meditation hineinnimmt, die man dort nicht haben will. Das sind vor allem *Verkrampfung* und *Müdigkeit*.

Im folgenden beschreibe ich verschiedene Möglichkeiten, diesen Übeln abzuhelfen. Es wird nicht vernünftig sein, sie alle hintereinander durchzuführen. Dann hätten Sie zwar eine Menge für Ihr Wohlbefinden getan, aber auch viel Zeit verbracht und immer noch nicht meditiert. Treffen Sie also eine Auswahl.

Spannungen lösen

Verkrampfungen sind in unserer Gesellschaft so normal wie schlechte Zähne, das heißt, praktisch jeder hat sie. Das Problem ist, daß wir sie oft gar nicht mehr spüren, weil wir uns so daran gewöhnt haben. Die folgende Methode fängt also damit an, uns erst einmal *Anspannung* voll erleben zu lassen.

> ### *Progressive Muskelentspannung*
> Legen Sie sich auf den Boden, flach auf den Rücken. Die Beine sind ausgestreckt, die Hände ruhen neben dem Körper. Machen Sie ein paar tiefe Atemzüge, und kommen Sie zur Ruhe.
>
> Nun spannen Sie die Muskeln der Füße und Unterschenkel so stark an, wie Sie nur können. Halten Sie die Spannung so lange wie möglich, dann lassen

Sie mit der Ausatmung los. Große Erleichterung. Sie haben soeben *aktive Entspannung* erlebt.

Nun wiederholen Sie diese Prozedur systematisch den ganzen Körper hinauf: Oberschenkel und Gesäßmuskeln ... Bauch und Brust ... Rücken ... Nacken und Kiefer ... Schultern und Oberarme ... Unterarme und Hände (zur Faust ballen) ... Stirn und die Muskeln um die Augen ... Kopfhaut. Zum Schluß spannen Sie noch einmal *alle Muskeln des Körpers gleichzeitig* an ... und entspannen.

Nach jeder Entspannung ruhen Sie einige Atemzüge lang und spüren dem Gefühl nach.

Am Ende der Übung werden Sie das Gefühl haben, schwerer als zu Beginn zu sein, und Sie werden den Kontakt mit dem Boden intensiver fühlen.

Kurzform: Wenn Sie die progressive Muskelentspannung einige Zeit praktiziert haben, können Sie dazu übergehen, gleich von Anfang an alle Muskeln anzuspannen und zu entspannen. Aber erwarten Sie davon zunächst nicht die volle Wirkung der langen Version.

Mentale Muskelentspannung

Der gleiche Effekt läßt sich dadurch erzielen, daß man den Muskeln gleichsam den Befehl gibt, sich zu entspannen. Zunächst mag Ihnen das nicht sehr überzeugend scheinen, und die Wirkungen werden auch länger auf sich warten lassen. Kontinuierliche Übung ist hier sehr wichtig.

Bei der mentalen Muskelentspannung können Sie stärker differenzieren und sich kleinere Muskelgruppen vornehmen. Also zum Beispiel: Entspannen Sie die Füße ... Unterschenkel ... Oberschenkel

... Genitalregion ... Gesäßmuskeln ... Bauch ...
Brust ... unteren Rücken ... oberen Rücken ...
Schultern ... Oberarme ... Unterarme ... Hände ...
Kiefer ... Muskeln um die Augen ... Muskeln um
die Ohren ... Stirn ... Kopfhaut.

Es gibt unterschiedliche Lehrmeinungen darüber,
in welcher Richtung man dabei vorgehen sollte.
Manche Menschen tun sich leichter damit, vom
Kopf an abwärts vorzugehen (also genau in der um-
gekehrten Reihenfolge wie eben beschrieben), weil
man sich dabei vorstellen kann, die Spannung
regelrecht fallenzulassen.

Gezielte innere Bilder können den Prozeß erleichtern. Zum Beispiel: Denken Sie, bevor Sie den Befehl zur Entspannung einer bestimmten Muskelgruppe geben, an einen festen Knoten, den Sie sodann in ihrer Vorstellung lösen. Oder stellen Sie
sich vor, wie das Blut in denjenigen Muskel strömt,
den Sie gerade entspannen.

Kurzform: Sie befehlen allen Muskeln gleichzeitig,
sich zu entspannen. Das ist noch wirkungsvoller,
wenn man eine bestimmte Muskelgruppe gleichsam
zum Anführer der Bewegung macht. Als besonders
hilfreich hat sich dabei die Entspannung der Stirn er-
wiesen (verkniffene Zeitgenossen haben dort tiefe
Falten).

Der Gedanke »Stirn lockern« wird dann ein
Signal für die Entspannung des ganzen Körpers.

Es lohnt sich, einige Übung in die mentale Form
zu investieren. Sie leiten damit nicht nur sanft zur
Meditation über, sondern erhöhen generell Ihr Gefühl für Ihren Körper und haben damit ein Instrument zur Hand, das Sie in vielen Situationen des
Alltags einsetzen können (Konferenzen, Prüfungen,
Zahnarztbesuch, öffentliche Ansprachen ...).

Gelenke lockern

Stellen Sie sich aufrecht hin, Füße parallel und etwa schulterbreit auseinander.

Durchhängen: Nun lassen Sie den Oberkörper nach vorne fallen, der Kopf und die Arme hängen locker herunter. Sie werden Ihr Kreuz spüren und die Muskeln an der Rückseite der Beine, die gedehnt werden.

Verweilen Sie so lange in dieser Stellung, wie es Ihnen angenehm ist. Dann richten Sie sich Wirbel für Wirbel auf, das heißt, der untere Rücken beginnt, Kopf und Arme hängen so lange herunter, bis sie zuletzt an der Reihe sind. Sollten Sie in einer Phase der Bewegung besondere Spannung oder gar Schmerzen spüren, so verharren Sie in dieser Position eine Weile und fahren dann fort.

Kopfkreisen: Senken Sie den Kopf, und lassen Sie ihn dann sehr langsam kreisen, erst gegen, dann im Uhrzeigersinn. Wo immer Sie Widerstand oder Spannung spüren, verharren Sie eine Weile.

Die Schildkröte: Schieben Sie den Kopf nach vorne und nach hinten, wobei Sie das Kinn auf gleicher Höhe lassen.

Grimassieren: Schneiden Sie Fratzen, je wilder, desto besser. Schauen Sie, wie viele Muskeln Ihres Gesichts Sie einzeln bewegen können.

Augenrollen: Ganz wichtig! Daß wir Muskeln haben, die die Augen bewegen und daß auch diese verspannt sein können, vergessen wir meist völlig. Bei dieser Übung werden Sie es merken.

Blicken Sie also gezielt an den Rändern Ihres Gesichtsfeldes entlang, erst in der einen Richtung, dann in der anderen. Die Augen beschreiben dabei einen Kreis. Wenn Sie die Kunst des Schielens beherrschen (als Kind übt man so etwas ja oft), so können Sie noch einmal kräftig nach innen und nach außen schielen.

Schulterkreisen: Legen Sie die Hände locker auf die Schultern und beschreiben Sie mit den Ellbogen kreisförmige Bewegungen.

Hände ausschütteln: Auch ein sehr vernachlässigter Bereich: Spannung in Händen und Handgelenken. Dabei sind die Hände wichtige »energetische Tore« zur Außenwelt und zu den Mitmenschen.

Lassen Sie Ihre Hände und Handgelenke völlig locker und schütteln Sie sie, wie man zum Beispiel ein Tuch ausschüttelt. Nach etwa einer Minute werden die Hände prickeln und sich anfühlen, als seien sie elektrisch geladen.

Bauchtanz: Bewegen Sie Ihr Becken kreisförmig, rechts- und linksherum. Es verändert dabei seinen Neigungswinkel zur Wirbelsäule. Wenn Sie es noch beweglicher haben wollen, können Sie auch mit dem Becken eine liegende Acht beschreiben.

Kniekreisen: Stellen Sie die Füße aneinander, beugen Sie die Knie, und beschreiben Sie in beide Richtungen kreisförmige Bewegungen mit den Knien. Ihre Haltung ähnelt dabei der eines Schifahrers.

Zum Abschluß stellen Sie sich wieder auf wie am Anfang und nehmen Ihren Körper als Ganzes wahr. Fühlt sich besser an als vorher, nicht wahr?

Phantasie-Tai-Chi

Tai Chi, die chinesische Meditation in der Bewegung (siehe Seite 146), erfordert vom Übenden zunächst das Memorieren von ziemlich komplizierten Bewegungsfolgen. Für die hier beschriebene Übung ist dies nicht notwendig. Sie müssen allerdings schon einmal jemanden gesehen haben, der Tai Chi durchführt.

Stellen Sie sich in der nun schon bekannten Form hin: Füße parallel in Schulterbreite, Knie leicht durchgedrückt. Bringen Sie nun die linke Hand mit der Handfläche nach oben vor den Unterbauch. Die rechte Hand kommt vor das Brustbein mit der Handfläche nach unten. Stellen Sie sich nun vor, Sie würden zwischen ihren Händen einen Ball von Energie halten.

Nach einiger Zeit beginnen Sie, einen Tai-Chi-Meister auf täuschende Weise nachzuahmen: fließende Bewegungen ohne Unterbrechung, sanfte Schritte und Richtungswechsel. Das Ganze soll so aussehen, daß ein Nicht-Eingeweihter meinen könnte, Sie würden diese Kunst beherrschen. Mit der Zeit wird Ihr Körper tun, was er will; vertrauen Sie sich diesen spontanen Bewegungen an. Mit einiger Übung macht die Sache großen Spaß.

Machen Sie das so lange, wie es Ihnen angenehm ist. Sollten Sie darüber die Meditation vergessen – auch gut.

Zum Schluß kehren Sie wieder in die Ausgangsposition zurück, lassen die Hände sinken und stehen noch einen Moment ruhig da.

Recken und Strecken

Hierbei geht es noch ungebundener zu. Schütteln, strecken, dehnen Sie sich, wie Sie wollen, tanzen, hüpfen, gähnen Sie, was auch immer.

Der einzige Nachteil dieses Verfahrens ist, daß man dabei völlig unbewußte Spannungen (wie zum Beispiel um die Augen, siehe oben) glatt übersehen kann.

Munter werden

Schläfrigkeit und Überanstrengung sind der Meditation abträglich, weil es bei ihr unter anderem auch um Klarheit geht. Dies kann sowohl nach einem anstrengenden Tag ein Problem sein wie am Morgen, wenn man noch dem Schlaf und den Träumen nachhängt (siehe Kapitel 2).

Wachklopfen

Stellen Sie sich aufrecht hin, und reiben Sie zunächst die Handflächen aneinander, bis Sie heiß sind. Klopfen Sie dann mit den Fingern Ihren Kopf ab: Kopfhaut, Hinterkopf, Nacken, Hals, Gesicht.

Ballen Sie nun eine Hand zur Faust, aber lassen Sie den Daumen neben den anderen Fingern liegen. Mit dieser flachen Faust klopfen Sie den ganzen Körper von oben bis unten ab: Arme, Brust, Rücken (soweit Sie kommen), Becken, Beine. Dann wiederholen Sie das Ganze mit der anderen Hand.

Besonders viel Spaß macht dies als Partnerübung.

Das Chi wecken

Chi, japanisch *Ki*, ist einer der vielen Namen für die universelle Lebensenergie, die in allen traditionellen medizinischen Systemen angenommen wird.

Stellen Sie sich in der Tai-Chi-Grundhaltung auf, konzentrieren Sie sich auf die Körpermitte. Nun heben Sie mit dem Einatmen langsam die Arme auf Schulterhöhe, und zwar so, als würden sie an unsichtbaren Fäden hochgezogen, die an den Handgelenken befestigt sind. Die Hände hängen also dabei locker herab.

Mit dem Ausatmen senken Sie die Arme wieder, aber nun so, als ob die Fäden an den Fingern angebracht wären. Die gesamte Bewegung sollte sanft und fließend sein und mehrmals wiederholt werden.

Die meisten Formen des Tai Chi werden mit dieser Übung eingeleitet und abgeschlossen (siehe auch Abbildung 9 und 10 auf Seite 148).

Atemkreis

Stehen Sie aufrecht, die Fersen aneinander, die Füße in leichter V-Form gespreizt.

Atmen Sie ein, und bringen Sie dabei die gestreckten Arme in einer kreisförmigen Bewegung über den Kopf, so daß sich schließlich die Handflächen berühren. Mit der Ausatmung führen Sie die Arme wieder zurück an den Körper.

Mehrmals wiederholen. Sehr einfach, sehr wirkungsvoll.

Energie verströmen

Stehen Sie breitbeinig (also über Schulterbreite) und mit etwas nach außen gedrehten Füßen. Breiten Sie die gestreckten Arme aus, die Handflächen nach vorne gedreht, Finger leicht gespreizt. Hier hat der Körper von vornherein eine gewisse Spannung.

Stellen Sie sich nun vor, Sie würden beim Einatmen Energie durch den Solarplexus aufnehmen und sie beim Ausatmen durch die Arme, Hände und Finger wieder verströmen. Nach einiger Zeit werden Sie sich mit Energie geladen fühlen, besonders in den Händen.

Scharf einatmen

Atmen Sie sechsmal scharf und stoßweise durch die Nase ein, halten Sie die die Luft kurz an, und atmen Sie dann langsam aus. Mehrmals wiederholen.

Ein kurzer und schneller Energieanstoß, der sich auch sehr gut als »Notfallmaßnahme« während des Tages eignet.

Feueratem

Hierbei atmet man schnell und rhythmisch durch die Nase ein und aus, wobei der Bauch sozusagen als Pumpe dient. Es braucht einige Zeit, bis man dies unverkrampft und regelmäßig ausführen kann. Wer die »Zwerchfellatmung« beherrscht, hat es leichter (mehr dazu im Kapitel 6).

Der Energieschub, den der Feueratem vermittelt, ist ziemlich gewaltig. Betreiben Sie ihn also nicht verbissen. Atemnot oder Schwindelgefühle treten bei Ungeübten anfangs schnell auf. Dies ist kein Grund zur Beunruhigung, aber jedenfalls das Zeichen zum Aufhören.

Im Yoga wird diese Form der Atmung oft lange praktiziert. Dies sollte aber nur unter Anleitung eines qualifizierten Lehrers geschehen.

Die Reinigung der Nadis

Wie die chinesische Medizin nimmt auch die indische ein System von Bahnen im menschlichen Körper an, entlang derer sich die Lebensenergie bewegt. Der Reinigung dieser sogenannten *Nadis* dient die folgende Übung.

Setzen Sie sich bequem hin, und legen Sie den Mittelfinger der rechten Hand auf die Stirn in der Mitte über den Augenbrauen. Schließen Sie nun das rechte Nasenloch mit dem Daumen, und atmen Sie durch das linke Nasenloch ein. Nun verschließen Sie das linke Nasenloch mit dem Ringfinger und atmen durch das rechte aus. Danach atmen Sie rechts ein, verschließen das rechte Nasenloch wieder mit dem Daumen und atmen links aus. In der Praxis ist das ganz einfach.

Der Rhythmus »links ein – rechts aus, rechts ein – links aus« läßt sich lange durchhalten und übt eine äußerst harmonisierende Wirkung auf das menschliche Energiefeld aus. Da die Nase in engem Kontakt mit dem Gehirn steht, werden hier die rechte und die linke Gehirnhälfte immer abwechselnd stimuliert. Und die Balance zwischen den Hirnhälften ist ein Schlüssel zu körperlicher wie seelischer Ausgeglichenheit.

Wie alle hier beschriebenen Übungen kann auch die *Reinigung der Nadis* unabhängig von der Meditation praktiziert werden. Regelmäßig und über lange Zeit durchgeführt, verbessert sie den Gesamtzustand des Organismus außerordentlich.

Kapitel 5

Dasitzen und nichts tun

Die Mühle im Kopf

Es ist soweit: Sie haben sich vom Alltag abgekoppelt, sind entspannt, aber nicht schläfrig, sind frisch und energiegeladen und haben eine der möglichen Haltungen eingenommen. Was nun? Mit welcher der vielen Meditationsformen, die ich Ihnen versprochen haben, sollen Sie anfangen?

Ich werde zunächst eine Technik beschreiben, die für Anfänger schwierig ist, und Ihnen dann viele Vorschläge machen, wie der Einstieg leichter zu bewerkstelligen ist. Den Grund für dieses merkwürdige Vorgehen werden Sie verstehen, wenn Sie dieses Kapitel gelesen haben.

Setzen (oder legen oder stellen) Sie sich also hin, schließen Sie die Augen, atmen Sie ruhig und regelmäßig, und tun Sie dann – gar nichts.

Das wird auch nicht nötig sein. Es wird von selbst etwas geschehen: Eine Fülle von Gedanken, Gefühlen, inneren Bildern, Erinnerungen wird in Ihnen aufsteigen, ein volles inneres Programm, aus einem anscheinend unermeßlichen Fundus schöpfend. Die »Mühle im Kopf« gibt sich ihrer Lieblingsbeschäftigung hin, sie läuft ohn' Unterlaß.

Bis hierher hätten Sie all das auch zum Beispiel beim Fahren in der U-Bahn, beim Warten in einer Behörde, vor dem Einschlafen haben können.

Aber nun machen Sie einen mentalen Schritt von außerordentlicher Wichtigkeit: Sie identifizieren sich nicht mehr mit Ihren Gedanken!

49

Leicht gesagt. Wie soll man sich nicht mit Gedanken identifizieren, die doch die eigenen sind? Aber sind Sie sich da wirklich so sicher? Haben Sie nicht schon oft erlebt, daß Ihnen etwas *einfällt*, als fiele es tatsächlich wie von außen bei Ihnen ein? Wie oft haben Sie schon über einen eigenen Witz gelacht, als hätte jemand anderer ihn gemacht? Und wie ist das mit Inspirationen? Das lateinische Wort *inspirare* bedeutet »einhauchen«. Wer bläst uns da etwas ein? Zeigt nicht allein das Wort schon, daß uns Gedanken manchmal als etwas erscheinen, das wie von selbst zu uns kommt?

Das Thema werden wir hier nicht ausloten können. Tatsächlich wird in Philosophien, die wir heute als esoterisch bezeichnen, angenommen, daß Gedanken ein gewisses Eigenleben haben, daß sie so etwas sind wie geistige Wesenheiten mit einer unabhängigen Existenz.

Was immer Sie davon halten mögen: Tun Sie während der Meditation so, als sei es wahr! Betrachten Sie Ihre Gedanken, Gefühle, Vorstellungen wie eigene Wesen, die mit Ihnen nichts zu tun haben. Stellen Sie sich zum Beispiel vor, Sie sitzen in einem Straßencafé und sehen Ihre Gedanken an sich vorbeigehen. Sie wollen aber heute Ihre Ruhe haben, deswegen grüßen Sie niemanden und lassen sich schon gar nicht in Gespräche verwickeln.

Das ist keine leichte Aufgabe. Gerade emotional besetzte Gedanken verstehen es immer wieder, einen in ihren Bann zu ziehen. Tadeln Sie sich nicht, wenn Sie sich dabei ertappen, wieder voll ins Geschehen verwickelt worden zu sein. Nehmen Sie sich einfach zurück, lassen Sie die spannende Action ohne Ihre Beteiligung weiter ablaufen.

Gelingt einem dies längere Zeit, so kann man eine interessante Feststellung über die Natur des menschlichen Bewußtseins machen:

Für gewöhnlich nehmen wir an, unsere Seele bestehe aus dem, was in ihr abläuft. Wir tun so, als seien wir selbst unsere Gedanken, Gefühle, Vorstellungen, das heißt, wir identifizieren uns mit den psychischen *Inhalten*. Haben wir diese aber lange genug betrachtet, ohne sie mit uns selbst zu verwechseln, so tritt eine andere Struktur zutage, die die Inhalte überhaupt erst möglich macht. Unsere Seele erscheint dann mehr wie eine Bühne zur Aufführung der Gedanken: Sie ist immer da, auch wenn auf ihr gerade nichts gespielt wird.

In englischen Texten wird dieses Thema oft unter der Überschrift *the container and the contained* abgehandelt, was sich nicht so elegant ins Deutsche übersetzen läßt: das Behältnis und das darin Enthaltene. Je direkter wir unser Bewußtsein als das überdauernde Behältnis für ständig wechselnde Inhalte erfahren, desto weniger werden wir uns von den Inhalten gefangennehmen lassen. Das Ergebnis kann ein Zustand des Nicht-Denkens sein, des reinen Bewußtseins, das nur seiner selbst bewußt ist. Dies ist der Gipfel der inneren Ruhe. Die Mühle im Kopf steht still.

Schrot für die Mühle

Wenn alles gut geht. Wenn Sie lange genug geübt haben. Aber wie lange ist lange genug?

Menschen, die die eben beschriebene Übung mit Erfolg praktiziert haben, empfinden sie oft als die reinste Form der Meditation überhaupt und meinen, alles, was darüber hinausgehe, sei eigentlich unnötig und bloße Spielerei. In ihrem Fall stimmt das dann auch.

Andererseits haben schon unzählige Übende lange darauf gewartet, daß ihr Bewußtsein endlich zur Ruhe kommen möge – und es geschah nicht. Oft berichten sie dann, sie hätten es mit Meditation versucht, aber es habe »nicht funktioniert«. Das kann mit einem starken Gefühl des persönlichen Versagens verbunden sein.

Viele lesen auch die Anweisung und entscheiden

gleich, es gar nicht erst zu versuchen. »So unruhig, wie ich bin«, sagen sie dann, »das schaffe ich nie!«

Weil sie eben keine Alternative kennen. Weil ihnen vielleicht ein Autor in seinem Glauben an die einzige, reine, unbefleckte Meditationsform andere Möglichkeiten vorenthalten hat.

Die Alternative besteht darin, *den Geist zu beschäftigen*. Wenn er schon nicht aufhören kann, selbst im Leerlauf zu arbeiten, dann lassen wir ihn wenigstens etwas Vernünftiges tun. Lenken wir ihn ab von seinen vielen unruhigen, zerfahrenen Gedanken und konzentrieren wir ihn auf etwas Bestimmtes.

»Schrot für die Mühle« nannte das der amerikanische Psychologe Richard Alpert, besser bekannt unter dem Namen Ram Dass.

Methoden, die das Bewußtsein auf diese Weise überlisten, werden einen guten Teil des vorliegenden Buches ausmachen. Sie unterscheiden sich danach, was sie als Objekt der Konzentration wählen. Sie sind für gewöhnlich für den Anfänger leichter und weniger frustrierend, weil sie schneller Wirkungen zeigen.

Mein Vorschlag: Üben Sie die hier beschriebene, passive Form eine Weile, und lernen Sie Ihre »Mühle im Kopf« gründlich kennen. Sollte diese von selbst zum Stillstand kommen – ausgezeichnet. Falls nicht, lesen Sie weiter.

Kapitel 6

»Achten Sie auf Ihre Atmung«

Die meisten unserer Körperfunktionen können wir entweder bewußt steuern (wie zum Beispiel Bewegungen), oder sie laufen automatisch ab und entziehen sich weitgehend unserer Kontrolle.

Nur die Atmung nimmt hier eine Sonderstellung ein: Einerseits ist sie ein Automatismus, der uns von der Wiege bis zur Bahre ohne Unterbrechung begleitet und auch im Schlaf und in der Bewußtlosigkeit ohne unser Zutun weiterläuft. Andererseits können wir uns ihrer bewußt werden und sie (in Grenzen) willentlich beeinflussen.

Das macht die Atmung zur »Schnittstelle« zwischen bewußten und unbewußten Vorgängen. Hier setzen viele spirituellen Disziplinen an, wenn es darum geht, das Bewußtsein zu verändern oder stärkere Kontrolle über Körperfunktionen zu erlangen. Für die Meditation ist die Atmung eines der bevorzugten Objekte der Konzentration.

Bewußt atmen

Für gewöhnlich wird uns unsere Atmung nur selten bewußt – etwa, wenn wir bei einer anstrengenden Tätigkeit aus der Puste kommen oder wenn es uns vor Schreck »den Atem verschlägt«.

Sich konstant seiner Atmung bewußt zu sein bringt also eine radikale Veränderung mit sich: Man benutzt einen inneren Prozeß gewissermaßen als Anker, man »zentriert sich« oder »findet seine Mitte«, wie es im einschlägigen Jargon oft heißt.

»Achten Sie auf Ihre Atmung!« ist daher die vielleicht am häufigsten gegebene Anweisung in der Meditation. Wie so oft gibt es auch hier verschiedene Methoden, dies zu tun.

Beobachtungsposten

Nasenflügel: Konzentrieren Sie sich auf Ihre Nasen-flügel, und beobachten Sie, wie die Luft an Ihnen vorbeistreicht. Sie wird, durch die Erwärmung in den Lungen, beim Ausatmen wärmer sein als beim Einatmen. Versuchen Sie, diesen Temperaturunter-schied wahrzunehmen.

Atemwege: Verfolgen Sie bewußt den Weg, den die Luft in Ihrem Körper nimmt: beim Einatmen durch die Nase, durch die Luftröhre in die Lungen, bis hin zu den feinsten Verästelungen der Lungenbläschen. Beim Ausatmen verfolgen Sie diesen Weg zurück.

Wendepunkte: Besondere Aufmerksamkeit kann auch dem Moment zwischen Ein- und Ausatmen gewid-met werden. Es ist ein hochinteressanter »Null-punkt«, ähnlich dem Wendepunkt eines Pendels. Für einen unendlich kurzen Augenblick herrscht hier Stillstand in einer ansonsten kontinuierlichen Be-wegung. Bei tiefer Versenkung in diesen Moment wird es Ihnen vorkommen, als stehe die Zeit selbst still.

Zählen der Atemzüge: Das ist ein *evergreen* der öst-lichen Schulen. Durch das Zählen wird man ge-zwungen, wirklich auf die Atmung zu achten, und man merkt sehr schnell, wenn man es nicht mehr tut.

Selbst dabei haben Sie die Wahl zwischen ver-schiedenen Möglichkeiten:

1. Kontinuierlich vorwärts, zum Beispiel Eins bis Zehn, dann wieder bei Null anfangen.

54

2. Vorwärts und zurück. Am einfachsten geht dies von Eins bis Fünf und Fünf bis Eins.

Kontinuierliches Vorwärtszählen ist uns von Kind an so geläufig, daß es nach einiger Zeit vielleicht nicht mehr die volle Aufmerksamkeit beansprucht. Rückwärts zählen hingegen erfordert etwas mehr Konzentration – hier ein erwünschter Effekt.

Denken Sie bei der ersten Ausatmung »Eins«, beim nächsten Einatmen »Zwei« und so weiter bis Fünf. Beim nächsten Einatmen denken Sie wieder »Fünf« und so weiter bis Eins.

Es hat seinen Grund, daß ich dies hier so genau schildere. Auf diese Weise werden Sie immer kontrollieren können, ob Sie sich gerade auf dem Weg hinauf oder hinunter befinden. Ausatmen auf die ungerade Zahl: vorwärts; Ausatmen auf die gerade Zahl: rückwärts. In der Beschreibung mag dies läppisch klingen. Aber nach langer Zeit in tiefer Versenkung und bei der langsamen Atmung, die sich in der Meditation oft einstellt, werden Sie sehr dankbar dafür sein, die Frage »Wo war ich stehengeblieben?« schnell beantworten zu können.

Atmung und der Tausendfüßler

Immer wieder wird betont, man solle die Atmung »nur beobachten, aber nicht eingreifen und nichts an ihr verändern«. Dies ist wieder so ein Satz, über den man nicht zu schnell hinweggehen sollte.

Wem es gelingt, der ist fein raus und braucht keine weiteren Instruktionen mehr. Viele Menschen bekommen allerdings angesichts einer solchen Anweisung ein sogenanntes Tausendfüßler-Problem.

Der Tausendfüßler, so geht die Geschichte, wurde eines Tages gefragt, wie er es eigentlich anstelle, seine vielen Beine so elegant und mühelos hintereinander zu setzen. Er dachte lange darüber nach, beobachtete sich selbst beim Gehen – und stolperte fortan über die eigenen Füße.

Wie er das Problem behoben hat, ist nicht überliefert. Bei der Atembeobachtung gibt es einen einfachen Ausweg: Man greift eben doch ein, ganz absichtlich und gezielt.

Dies ist keineswegs nur eine Notlösung, sondern auch eine Chance, die Art und Weise, wie wir atmen, zu verbessern.

Aber was soll an einer so selbstverständlichen Sache wie dem Atmen eigentlich zu verbessern sein? Wenn wir es falsch machten, wären wir doch wohl nicht mehr hier? Das stimmt schon, einerseits.

Andererseits machen die meisten Menschen der modernen Zivilisation keineswegs den *optimalen* Gebrauch von ihren Atemwerkzeugen. Über die Gründe dafür ließe sich lange spekulieren. Der häufigste Fehler ist aber leicht beschrieben: Wir atmen zu flach.

Das Organ, das die Atmung im engeren Sinn bewerkstelligt, ist das Zwerchfell, ein Muskel unter der Lunge. Beim Einatmen geht es nach unten und zieht damit wie eine Pumpe Luft in die Lungen. Gleichzeitig drückt es die darunter liegenden Organe etwas nach unten.

Legen Sie einmal die Hand auf Ihren Bauch. Bewegt er sich beim Einatmen nach vorne? Eigentlich sollte er das, um Platz für die verdrängten Organe des Bauchraumes zu machen. Oft geschieht aber nur etwas anderes: Wir weiten den oberen Brustkorb, um so Raum für die einströmende Luft zu schaffen.

Brust- und Bauchatmung gehen immer Hand in Hand, die Frage ist nur, was überwiegt. Bei vorwiegender Brustatmung nimmt die Lunge weniger Luft auf, als sie könnte. Man muß dann häufiger atmen, um doch noch die nötige

Menge Sauerstoff aufzunehmen, und es bleibt eine ziemliche Menge Restluft in der Lunge, die nicht ausgetauscht wird. Dies ist aber eine »Minimallösung«. Durch tiefere Atmung könnte mehr Sauerstoff aufgenommen werden.

Schon die ständige Beobachtung des Atems bringt es oft mit sich, daß er mit der Zeit tiefer und langsamer wird. Man kann dem Prozeß allerdings nachhelfen.

Maximum – Minimum

Hier eine Übung, die Ihnen auf ziemlich drastische Weise klarmachen wird, wieviel Luft Ihre Lunge eigentlich aufnehmen kann.

Am besten sitzen Sie dabei, die Hände locker auf den Oberschenkeln. Atmen Sie nun langsam durch die Nase so tief ein, wie Sie überhaupt können. Nach einer kurzen Pause atmen Sie weiter ein – es geht immer noch etwas hinein!

Jetzt halten Sie die Luft an, konzentrieren sich auf den unteren Bauchraum und zählen bis zehn. Dann atmen Sie (vermutlich kräftig) durch den Mund aus, soviel Sie können. Nach einer kurzen Pause atmen noch ein wenig aus; auch das geht. Wieder konzentrieren Sie sich auf einen Punkt unterhalb des Nabels, halten die Luft an und zählen bis zehn. Und so weiter.

Wichtig ist, daß Sie nach dem Einatmen den Kehlkopf nicht schließen, wie man es etwa beim Tauchen macht. Noch wichtiger freilich, daß Sie sich nicht überanstrengen. Es geht hier nicht um Leistungssport, sondern um eine schrittweise Lockerung der Atemorgane.

Fangen Sie also kurz an, und steigern Sie die Übungszeit langsam. Brechen Sie ab, sowie Sie Benommenheit verspüren. Verkürzen Sie die Pause zwischen den Atmungen, wenn Ihnen zehn Takte zu lang sind. Mit wachsender Gewöhnung kann man die Übung leicht auf zehn bis zwanzig Minuten ausdehnen.

Vollständige Atmung

Dabei lassen Sie Ihre Lunge sozusagen von unten mit Luft vollaufen.

Strecken Sie beim Einatmen bewußt den Bauch nach vorne, und füllen Sie auf diese Weise ihren unteren Lungenraum mit Luft. Erst dann weiten Sie zunächst ihren mittleren, zum Schluß Ihren oberen Brustkorb. Beim Ausatmen verfahren Sie umgekehrt.

Anfänglich ist das eine forcierte Bauchatmung, ein absichtliches Vorwegnehmen des Zustandes, der schließlich bei genügender Praxis zum unerzwungenen Normalzustand wird, weil sich dadurch allmählich die Bauchmuskeln entspannen.

Wenn Sie das gleiche Ziel lieber auf sanfterem Wege erreichen wollen, gibt es auch dafür Methoden.

Atempause

Beobachten Sie Ihren Atem, und achten Sie besonders auf die »Wendepunkte« (siehe Seite 54). Nach einiger Zeit hören Sie immer nach dem Ausatmen für eine Weile auf zu atmen.

Nehmen Sie sich nicht vor, wie lange diese Pause sein soll, denken Sie in dieser Zeit nicht an die nächste Einatmung, denken Sie am besten gar nichts. Tun Sie für einen endlosen Augenblick so, als wären Sie vom Zwang des Atmens befreit. Der Körper korrigiert diese Illusion früh genug.

Anfangs mag Ihnen das ein wenig Angst ein-
jagen; Atemstillstand ist für uns stark mit Lebens-
bedrohung assoziiert. Mit wachsender Erfahrung
werden Sie aber staunend bemerken, wie lange
diese Pause ohne Anstrengung ausgedehnt werden
kann – und das in einer Phase, in der angeblich alle
Luft aus der Lunge entwichen ist.

Der physiologische Effekt der Übung ist, daß die
verbleibende Restluft viel besser genutzt wird und
die Einatmung länger ausfällt. Die Atmung wird
also insgesamt tiefer und langsamer, der Sauerstoff-
austausch in der Lunge wird intensiviert.

Auch hier gilt: Forcieren Sie nichts, hören Sie auf,
falls Sie benommen werden sollten. Kein Leistungs-
zwang.

Die folgerichtige Erweiterung dieser Übung besteht nun
darin, sowohl beim Ein- wie beim Ausatmen eine Pause zu
machen. Um dies lange Zeit durchführen zu können, muß
es regelmäßig und rhythmisch geschehen. In vielen spirituellen Schulen werden solche Atemrhythmen seit langer
Zeit gelehrt.

Zwei-Vier-Atmung

Diese Variante erfreut sich besonders in der Tradition der Westlichen Magie großer Beliebtheit; sie ist
leicht zu erlernen und praktizieren.

Zählen Sie innerlich etwa im Sekundentakt.
Dann atmen Sie immer vier Schläge lang ein, machen zwei Schläge Pause, atmen vier Schläge lang
aus, machen zwei Schläge Pause ... und so weiter,
regelmäßig wie die Brandung.

Variieren Sie Ihr Zähltempo so lange, bis es
»stimmt«, das heißt, bis Sie den Rhythmus ohne

Zwang oder Beklemmung durchhalten können. Mit einiger Übung wird Ihnen dieses Muster bald völlig natürlich erscheinen.

Allerdings zeigt es schnell Wirkungen. Die Zwei-Vier-Atmung lädt sehr stark energetisch auf. Deswegen lieben die Magier sie auch so: Sie wollen ja mit dieser *power* noch etwas anfangen.

Auch wenn Sie nicht zaubern wollen, ist ein Zuwachs an psychischer Energie natürlich eine feine Sache, die sich sowohl auf die Gesundheit, die Laune wie die persönliche Effizienz positiv auswirkt. Es lohnt sich also, die Zwei-Vier-Atmung zu kultivieren.

Allerdings sollte das langsam geschehen. Nehmen Sie sich nicht von Anfang an vor, die volle Meditationszeit auf diese Weise zu atmen. Achten Sie auf Ihr Herz: Schlägt es zu heftig, so ist das ein Zeichen zum Aufhören.

Hat sich der Kreislauf allerdings an die Zwei-Vier-Atmung gewöhnt, so können Sie den Herzschlag selbst als Taktgeber benutzen. Das erhöht die Wirkung noch um einiges. Mit dieser »Turbo-Version« sollten Sie aber noch vorsichtiger beginnen.

Pequeña Muerte

Wörtlich »der kleine Tod« genannt, benutzt auch diese aus dem südamerikanischen Schamanismus stammende Übung das Herz als Schrittmacher – allerdings nur für die Pausen.

Stellen Sie sich aufrecht hin, die Hände hängen locker herab. Atmen Sie tief ein, und halten Sie die Luft zwölf Herzschläge lang an. Dann atmen Sie aus (ohne Zeitvorgabe), und hören danach acht Herzschläge lang zu atmen auf. Und so weiter.

Bedauerlicherweise ist das Körperbewußtsein mancher Menschen so verschüttet, daß sie Schwierigkeiten haben, ihren eigenen Herzschlag zu fühlen. Sollten Sie dazu gehören, so gehen Sie zunächst »auf Verdacht« vor. Mit der Zeit spürt jeder seinen Herzschlag.

Der etwas dramatische Name der Übung rührt daher, daß man stark veränderte Bewußtseinszustände erleben kann, wenn man sie wirklich lange durchführt. Übertreiben Sie es also nicht – es sei denn, Sie wollen Schamane werden und das Reich der Geister und Ahnen aus erster Hand kennenlernen.

Andere Atemrhythmen

Eine prinzipiell andere Möglichkeit, auf den Atem Einfluß zu nehmen, besteht darin, verschieden lange ein- und auszuatmen, ohne Pausen dazwischen zu machen. Meist wird dabei die Ausatmung verlängert.

Dieser Ansatz hat den Nachteil, daß dabei der regelmäßige Ebbe-und-Flut-Charakter der Atmung verloren geht, was zu erheblicher innerer Unruhe führen kann – ein Effekt, der den Zielen der Meditation ja entgegenwirkt. Auf jeden Fall erfordern solche Techniken entschieden mehr Übung als die bisher beschriebenen.

Lautlos

Zum Abschluß die subtilste, raffinierteste und vielleicht tiefgreifendste Atemmeditation, die ich kenne: geräuschlos Atmen.

Sollten Sie nicht gerade vier Treppen hochgestiegen sein oder eine verstopfte Nase haben, so werden Sie wahrscheinlich glauben, schon jetzt geräuschlos zu atmen.

Aber setzen Sie sich einmal in einer wirklich stillen Umgebung hin, schließen Sie die Augen und horchen Sie in Ihren Kopf hinein: Mit Sicherheit werden Sie etwas hören. Ihre Atmung verursacht eben doch Geräusche; sie sind nur so leise, daß sie für gewöhnlich vom Lärm der Umwelt übertönt werden.

Versuchen Sie nun, auch diese Geräusche noch zu vermeiden. Niemand kann Ihnen sagen, *wie* Sie das machen sollen. Es gibt keinen besonderen Trick dafür. Trotzdem wird es Ihnen instinktiv gelingen.

Diese Form verlangt zunächst viel bewußte Anstrengung. Wahrscheinlich werden Sie bald eine Pause einlegen müssen, um wieder auf gewohnte Art zu »schnaufen«. Das gibt sich aber mit der Zeit.

Wenn Sie erst einmal die ganze Meditationszeit lang wirklich geräuschlos atmen, werden Sie eine Ruhe erfahren, die mit Worten schwer zu beschreiben ist.

Das weite Gebiet der Atemübungen und -meditationen ist hiermit bei weitem nicht erschöpft. Aber allein die beschriebenen Praktiken können Sie bei regelmäßiger Übung sehr weit bringen.

Ich schlage vor, auf jeden Fall mit der reinen Beobachtung der Atmung anzufangen, daneben aber auch mit solchen Methoden zu experimentieren, die einen stärkeren Eingriff mit sich bringen. Keinesfalls müssen Sie sich zwischen diesen beiden Ansätzen entscheiden, wie es oft in der Literatur suggeriert wird.

Im weiteren Verlauf des Buches werden Sie noch viele Methoden kennenlernen, bei denen die Atmung als Werkzeug eingesetzt wird – allerdings in Verbindung mit anderen Techniken.

Kapitel 7

Worte der Kraft

Wenn man heutzutage von der »Magie der Sprache« redet, so meint man damit meist ihre Fähigkeit, bestimmte Wirkungen beim Zuhörer oder Leser hervorzurufen. Ein Sprachmagier in diesem Sinne ist für uns ein Mensch, der meisterhaft mit Worten umgehen kann – vielleicht ein Lyriker, der mit wenigen Zeilen eine bestimmte Stimmung beschwört, oder ein Erzähler, der Landschaften oder Menschen so anschaulich beschreibt, daß wir sie förmlich vor uns sehen.

Menschen früherer Zeiten hatten da viel weitergehende Vorstellungen. Für sie enthielten Worte selbst Kraft, sie waren ein Mittel zur Beeinflussung der Realität, das man mit großer Sorgfalt handhaben mußte.

Besonders galt dies für Namen. Der Name eines Neugeborenen bestimmte vielleicht seinen ganzen weiteren Lebensweg; wer den Namen eines Menschen kannte, hatte damit auch Macht über ihn. Und mit den Namen von Göttern oder auch Dämonen war überhaupt nicht zu spaßen – sie wurden nur bei besonderen Anlässen und unter strengsten rituellen Vorkehrungen ausgesprochen.

Vermutlich aus der rituellen Anrufung von Göttern ist eine Meditationsform entstanden, die wohl zu den weltweit am meisten verbreiteten gehört: die Meditation mit Mantras.

Heilige Silben

Unter einem Mantra (manchmal auch Mantram) versteht man heute ein Wort oder eine Formel, die bei der Meditation ständig wiederholt wird. Der Ausdruck ist indisch, aber ähnliche Formeln gab oder gibt es in vielen spirituellen Richtungen. *Wasifas* heißen sie etwa bei den Sufis, den Mystikern des Islam, in deren Ausbildung sie eine große Rolle spielen. Auch die germanischen Runen haben als heilige Laute angefangen, die von Priestern an Orten der Kraft intoniert wurden – oder »geraunt«, ein Wort, das den Zusammenhang noch erkennen läßt. Sogar die frühe christliche Kirche, besonders die orthodoxe, kannte ähnliche heilige Formeln.

Mantras wurden ursprünglich vom Lehrer an den Schüler weitergegeben, meist im Rahmen einer Zeremonie. Der Schüler durfte sein persönliches Mantra niemandem mitteilen. In manchen spirituellen Gruppierungen, zum Beispiel der »Transzendentalen Meditation«, wird dies immer noch so gehandhabt.

Von den Anhängern der »TM«, wie sie oft kurz genannt wird, hört man auch immer wieder, daß ein Mantra nur wirkt, wenn man es auf diese Weise erlangt. Das kann als widerlegt gelten – unzählige Meditierende haben die Wirkung solcher Formeln am eigenen Leib erfahren, ohne eingeweiht worden zu sein.

Das wohl bekannteste Mantra ist »die heilige Silbe *Om*«, oft auch *Aum* geschrieben. Sie gilt traditionell als »der Klang des Universums« und leitet auch längere Mantras ein, wie das berühmte *Om Mane Padme Hum* oder *Om Navah Shivaya* und *Om Shanti*. Andere klassische Mantras aus der indischen Tradition sind *Rama, So-Ham, A-nam*.

Für die orthodoxe Kirche erfüllte das griechische *Kyrie eleison – Christe eleison* lange Zeit die Funktion eines Mantras.

Wasifas aus dem reichhaltigen Repertoire der Sufis: *Hu; fazl; zahir batin; ya salam; ya qaher; ya hayyo-ya qayum.* (Die Silbe *ya* wird nur beim lauten Rezitieren vorange-stellt).

Mantra-Meditation

Mantra-Meditation wirkt tief und nachhaltig, die Wirkung entfaltet sich aber nicht schon nach kurzer Zeit. Wenn Sie ernsthaft herausfinden wollen, ob dieser Weg für Sie gangbar ist, schlage ich vor, eine längere Phase des Experi-mentierens an den Anfang zu stellen.

Wählen Sie von den bisher genannten Mantras eines aus, das Sie anspricht.

Setzen Sie sich in Ihrer bevorzugten Meditationshal-tung hin. Sagen Sie nun das Mantra immer wieder regel-mäßig vor sich hin, zunächst laut. Der Rhythmus sollte fließend und ungezwungen sein; probieren Sie verschie-dene Geschwindigkeiten aus.

Nun gehen Sie dazu über, das Mantra innerlich und lautlos zu sagen. Das heißt, Sie sprechen es rein seelisch aus und hören es sozusagen mit Ihrem inneren Ohr.

Während Sie beim lauten Rezitieren naturgemäß eine Pause beim Einatmen machen mußten, lassen Sie nun das Mantra kontinuierlich ablaufen. Auch sind Ihnen bei der Wahl des Tempos viel weniger Grenzen gesetzt. Variieren Sie es von sehr schnell bis sehr langsam. Versuchen Sie, den Rhythmus mit Ihrer Atmung oder mit Ihrem Herz-schlag zu synchronisieren. Spüren Sie, welche Wirkung das auf Sie hat.

Obwohl all dies nur innerlich geschieht, können Sie auch den »Tonfall« Ihrer Rezitation systematisch verän-dern. Stellen Sie sich vor, Sie rufen das Mantra gegen den Wind oder singen es feierlich und getragen vor vielen Zuhörern oder flüstern es kaum hörbar – der Phantasie und dem Spieltrieb sind keine Grenzen gesetzt. Auf diese Weise lernen Sie Ihr Mantra sehr genau kennen; außerdem macht die Übung Spaß.

Eine grundsätzlich andere Möglichkeit der Mantra-Meditation besteht darin, die Formel nur zu *denken*. Das bedeutet, daß Sie innerlich weder etwas sagen noch sich sagen hören – Sie denken das Mantra völlig abstrakt, als reinen Gedanken.

Den Unterschied sollte man für sich selbst klar herausarbeiten, auch wenn es etwas Einsatz erfordert. Davon hängt nämlich die Art und Weise ab, wie das Mantra wirkt.

Beim innerlich rezitierten Mantra wird sein Klang zum Gegenstand der Aufmerksamkeit, wie es in anderen Formen der Meditation zum Beispiel der Atem oder ein Bild ist. Das gedachte Mantra hingegen *blockiert andere Gedanken*. Solange Sie das Mantra *aktiv denken*, können Sie nicht noch einen anderen Gedanken fassen. Das Schlüsselwort ist »aktiv« – es muß sich anfühlen wie eine Handlung. Dies läßt sich nicht nur intellektuell verstehen, man muß es durch eigene Erfahrung verifizieren.

Nach Versuchen dieser Art werden Sie ein besseres Gefühl dafür bekommen, mit welchem Mantra Sie es auf längere Zeit versuchen wollen.

Oft hört und liest man heute, so ziemlich jede halbwegs wohlklingende Lautfolge eigne sich gleichermaßen zum Mantra, da sie ohnehin nur die Funktion habe, den Geist zu beschäftigen und von dummen Gedanken abzuhalten. Das ist meiner Meinung nach Unsinn.

Auch wenn man den großen Respekt unser Altvorderen vor der magischen Wirkung der Sprache vielleicht für übertrieben hält – ohne Zweifel sind Worte und Laute ganz spezifische Schwingungsmuster, die man nicht einfach gleichsetzen oder beliebig austauschen kann.

Das gleiche Mantra mag bei verschiedenen Menschen verschieden wirken. Trotzdem muß der einzelne seine Entscheidung sorgfältig treffen.

Die »klassischen« Mantras haben sich über Jahrtausende bewährt. Sie schließen einen allerdings auch geistig an eine bestimmte Tradition an, deren Gläubige diese Formel millionenfach über die Zeiten wiederholt haben. Selbst wenn Sie an keine Religion oder spirituelle Richtung gebunden sind: Machen Sie sich Gedanken über die Tradition, deren Mantra Sie verwenden. Sollten Sie kein gutes Gefühl mit ihr verbinden, wäre es wohl besser, die Wahl noch einmal zu überdenken.

Nachdem Sie sich für ein Mantra entschieden haben und für eine bestimmte Art, es zu rezitieren oder zu denken, kann es »im Ernst« losgehen.

Führen Sie jetzt die von Ihnen gewählte Form über längere Zeit (mindestens ein paar Wochen) mit möglichst großer Konstanz aus. Nur so kann sich das Mantra in Ihrem Unbewußten verankern und dort seine Wirkung entfalten.

Wie bei allen anderen Methoden: Achten Sie genau darauf, was sich in Ihrer Seele und in Ihrem Leben verändert. Registrieren Sie es nur, ohne es zu bewerten.

Und lesen Sie in dieser Zeit möglichst nichts über Mantra-Meditation.

Kapitel 8

Klänge der Sammlung

Beim Einüben des Mantras geht man den Weg von außen nach innen: vom physisch hörbaren zum inneren Klang, vielleicht sogar weiter zum abstrakten Gedanken.

Wir können aber ebensogut in der Welt des hörbaren Klanges bleiben.

Daß die Welt ihrer Natur nach Klang ist oder durch Klänge erschaffen wurde, ist ein uralter Gedanke in vielen Religionen. Aus dieser Sicht erscheint das Erzeugen und Hören von Klängen selbst als göttlicher Akt – oder jedenfalls als Handlung, die einen dem Göttlichen näherbringt.

Ob Sie diese Ansicht teilen oder nicht: Fest steht, daß Klänge starke Wirkungen auf das menschliche Nervensystem ausüben. Bald werden Sie das bestätigen können.

Tönen

Freunde der nordamerikanischen Ureinwohner haben uns das englische Wort eingebrockt, das langsam zum Oberbegriff für das Singen von heiligen Gesängen oder Formeln wird: *Chanting* oder, eingedeutscht, *Chanten*. Profis verwenden das Verb sogar mit deutscher Grammatik: ich chante, du chantest, wir haben gechantet … Tatsächlich kennt aber praktisch jede Kultur das kontinuierliche, rhythmische Rezitieren oder Singen von Texten.

Gebete sind zwar prinzipiell etwas anderes als Chants oder Mantras, weil sie einen bittenden Text haben. Die Beobachtung von Betenden zeigt jedoch, daß in der Praxis die Grenzen verschwimmen: Der Text wird nicht wirklich gesprochen, eher »geleiert«, das heißt rhythmisiert; der semantische Inhalt des Gebetes tritt eindeutig zugunsten des Klanges in den Hintergrund. Trotzdem eignen sich für Meditationen eher Texte, die für den Übenden keine inhaltliche Bedeutung haben.

Chanting

Gehen Sie zurück zur Liste der bewährten Mantras im vorigen Kapitel (Seite 64) und wählen Sie einige aus, die Sie gerne rezitieren wollen. Vielleicht werden es diesmal die längeren sein.

Die gewählten Formeln wiederholen Sie nun ständig und regelmäßig. Dabei müssen Sie zwangsläufig eine gute Synchronisation mit der Atmung erreichen. Experimentieren Sie mit verschiedenen Geschwindigkeiten, bis Sie ein Gleichgewicht gefunden haben, das Sie lange Zeit ohne Mühe aufrechterhalten können.

Es kann sein, daß Sie dabei mit der Zeit in einen »Singsang« verfallen, das heißt, eine feststehende Melodie entwickeln. Widerstehen Sie diesem Impuls nicht, wenn er auftritt, aber streben Sie ihn auch nicht an – damit würden Sie die Natürlichkeit des Ablaufs behindern.

Viele spirituelle Gruppierungen haben ihre Lieblingsmantras mit vorgeschriebener Melodie, die sie oft endlos in der Gruppe chanten (*Hare Krishna, hare Krishna* ...). Wenn ein solches Mantra Sie anspricht, können Sie natürlich darauf zurückgreifen. Hier gilt aber das, was ich schon im vorigen Kapitel zu bedenken gegeben habe: Mit der Übernahme eines Mantras in derart standardisierter Form verbinden Sie sich sehr stark mit dem »Kraftfeld« der Gruppierung, die es verwendet.

Probleme mit der Bedeutung von Lauten werden Sie bei der nächsten Methode bestimmt nicht haben: dem Summen. Ansatzweise schon in vielen Mantras enthalten (zum Beispiel *Ommm*), ist es in reiner Form sicher die einfachste und vielleicht die wirkungsvollste Klang-Meditation.

Hier eine indische Variante, bei der später noch Bewegungen hinzukommen.

Nadabrahma

Phase 1: Setzen Sie sich in Ihrer bevorzugten Haltung hin, die Arme locker auf den Oberschenkeln. Summen Sie dann 30 Minuten lang in einer Tonhöhe, die Ihnen angenehm ist. Die Einatmung sollte durch die Nase erfolgen.

Phase 2: Hören Sie mit dem Summen auf. Heben Sie beide Hände vor den Unterbauch, die Handflächen nach oben. Führen Sie dann mit den Händen eine kreisförmige Bewegung nach vorne und außen aus – die rechte Hand bewegt sich also im Uhrzeigersinn, die linke spiegelverkehrt dazu, irgendwann treffen sie sich wieder in der Mitte. Wichtig ist, daß Sie diese Bewegung extrem langsam ausführen, beinahe an der Grenze zum Stillstand. Dies machen Sie sieben Minuten lang.

Phase 3: Nun kehren Sie die Bewegungsrichtung einfach um, alles andere bleibt gleich. Wieder sieben Minuten.

Phase 4: Hören Sie mit der Bewegung auf. Bleiben Sie ruhig sitzen, oder legen Sie sich hin und genießen Sie die Ruhe.

Die Zeiten können Sie sich von einem eigens angefertigten Tonband vorgeben lassen (siehe Seite 26); allerdings ist gelegentliches Schielen nach der Uhr hier nicht so störend wie bei einer stillen Meditation.

Es gibt hierzu auch eine von Georg Deuter komponierte Musik mit dem Titel *Nadabrahma* (nicht zu verwechseln mit der gleichnamigen Kassettenserie von J.E. Berendt). Sie nimmt Ihnen das Timing ab, führt aber ein neues Element in die Meditation ein, das sich Ihrer Kontrolle entzieht. Ich empfehle, es erst einmal ohne Musik zu versuchen und die Deuter-Kassette nur einzusetzen, falls Sie Ihnen wirklich zusagt.

I-E-A-O-U

Bei dieser Meditation werden Regionen des Körpers mit Vokalen in Verbindung gebracht.

Am besten stehen Sie dabei. Konzentrieren Sie sich auf den höchsten Punkt Ihres Kopfes, und singen Sie dann leise und gleichmäßig »iii ...«. Nach einer Weile lassen Sie Ihre Aufmerksamkeit langsam (nicht sprunghaft) den Körper hinuntergleiten. Sobald Sie den Hals erreicht haben, intonieren Sie »eee ...«. Weiter geht es nach unten. In der Herzregion singen Sie »aaa ...«, beim Bauchraum angekommen »ooo ...«, schließlich beim Becken »uuu ...«. Dann fangen Sie wieder oben an und wiederholen die Übung einige Male.

Wenn Sie eine Zeitvorgabe für das Singen der einzelnen Vokale brauchen, fangen Sie mit drei Minuten an. Mit der Zeit werden Sie das aber frei nach Gefühl machen können.

Die Meditation läßt sich auch lautlos durchführen, ähnlich wie beim inneren Sprechen eines Mantras.

Obertonsingen

Obertonsingen läßt sich nicht aus einem Buch lernen, es soll aber hier wenigstens beschrieben werden, da es eine hochinteressante Kunst ist.

Wer es das erste Mal erlebt, wird sehr verblüfft sein: Ein Sänger oder eine Sängerin singt einen Ton, es erklingen aber zwei oder mehrere! Neben dem Ursprungston, den man deutlich vom Sänger ausgehen hört, hängen andere Harmonien gleichsam im Raum, schwer lokalisierbar; die beste irdische Annäherung an die Musik der Engel.

Nachdem man sich vergewissert hat, daß kein Betrug im Spiel ist, muß man sein Heil in einer physikalischen Erklärung suchen: Was da zusätzlich erklingt, sind Obertöne, Vielfache des Ausgangstones, die normalerweise bei jedem natürlich erzeugten Ton unhörbar mitschwingen und ihm seine unverwechselbare Klangfarbe verleihen. Die Kunst des Sängers besteht darin, seinen Stimmapparat so einzustellen, daß der für gewöhnlich unhörbare Ton nun klar zu hören ist.

Was man dazu genau machen muß, läßt sich nicht erklären, man kann es nur durch Versuch und Irrtum und unter Anleitung eines Lehrers herausfinden. Praktizierende berichten von einer außerordentlich erhebenden Wirkung und können manchmal regelrecht süchtig nach Obertonsingen werden. Vielen Zuhörern geht es genauso.

Meditationen, bei denen der Übende seine eigenen Töne erzeugt, wirken sehr stark auf der körperlichen Ebene: Man hört die Klänge sowohl von außen wie intern über Knochen und Körperflüssigkeit. Die Stimulierung, die der gesamte Organismus dadurch erfährt, ist deutlich spürbar.

Aber auch Klänge, die nur von außen kommen, eignen sich ausgezeichnet als Objekt der meditativen Konzentration.

Hören

Klanginstrumente

In der neueren europäischen Musik spielen komplexe Tonfolgen eine große Rolle; dementsprechend kompliziert sind dann auch ihre Instrumente. Traditionelle rituelle Musik vertraut mehr auf reinen Klang ohne große Variation der Töne. Es sind Instrumente aus diesem Bereich, die sich besonders gut für die Meditation eignen.

Klangschalen
Sie sehen aus, als seien sie aus Messing. Tatsächlich werden sie aber – jedenfalls nach dem traditionellen Verfahren – in zeitraubender Handarbeit aus vielen hauchdünnen Schichten neun verschiedener Metalle gehämmert. Der Klang von guten Schalen ist hell, klar, reich an Obertönen; er spricht so ziemlich alle Schichten der menschlichen Psyche und des Universums an.

Man kann Klangschalen anschlagen wie einen Gong, oder auch kontinuierliche Töne auf ihnen erzeugen, indem man sanft mit einem Holzstab an ihrem Rand entlangfährt. Dieses Verfahren ist für die Meditation interessanter.

Der einzige Nachteil: Klangschalen sind ziemlich teuer. Wenn Sie also diese Investition machen wollen, so hören Sie beim Kauf sehr sorgfältig hin. Ein möglicher Test: Schlagen Sie die Schale an, und messen Sie die Zeit, wie lange der Ton danach noch zu hören ist. Gute Schalen bringen es auf mehrere Minuten.

Trommeln
Als Instrument zur Veränderung des Bewußtseins können Trommeln vielleicht auf die längste Geschichte aller Instrumente zurückblicken. Manchmal wird die Trommel als das »Reittier des Schamanen« bezeichnet: Auf ihr reisen Schamanen vieler Kulturen in die Ober- und Unterwelt;

modern gesagt, tun sie dies mit Hilfe des Trancezustandes, den der Klang der Trommel bewirkt.

Schamanische Trommeln sind flach, groß (ungefähr 60 Zentimeter im Durchmesser) und einseitig bespannt. Sie werden mit einem Klöppel geschlagen und erzeugen tiefe, schwingende Töne.

In der schamanischen Arbeit schlägt man die Trommel sehr hart in einem konstanten Rhythmus von etwa 60–80 Schlägen pro Minute, was einen treibenden, unwiderstehlichen *beat* ergibt, der schnell zur Trance führen kann. In der Meditation sollte einfach die Lautstärke reduziert werden. Mit dem Tempo müssen Sie experimentieren.

Inzwischen gibt es im Handel eine große Auswahl an Kassetten mit Trommelrhythmen, bei denen Sie natürlich der Auffassung des jeweiligen Trommlers ausgeliefert sind.

Didgeridoo

Auch seit ewigen Zeiten in Verwendung, ist dieses Instrument der australischen Ureinwohner erst seit einigen Jahren im Westen bekannt; es erfreut sich aber wachsender Popularität.

Das Instrument ist denkbar einfach: ein ausgehöhlter Stock von ungefähr 10 bis 15 Zentimetern Durchmesser. Der Spieler erzeugt darauf wie auf einem Alphorn einen tiefen Ton, und zwar *ununterbrochen*. Dazu muß er lernen, während des Blasens gleichzeitig durch die Nase einzuatmen – eine Technik, die den Kreis der aktiven Spieler radikal begrenzt.

Aber auch von Didgeridoo-Klängen sind inzwischen verschiedene Kassetten verfügbar.

Meditatives Hören

Falls Sie selbst ein Klanginstrument spielen wollen, so setzen Sie sich so hin, daß Sie dies längere Zeit ohne Verkrampfungen tun können. Falls jemand anderer diese Aufgabe übernimmt oder Sie eine Aufnahme verwenden, können Sie jede Haltung einnehmen. Versuchen Sie es im Liegen.

Konzentrieren Sie sich auf den Klang, wie Sie sich vorher auf Ihre Atmung oder Ihr Mantra konzentriert haben. In Ihrem Geist, Ihrer Wahrnehmung ist nichts anderes, der Klang wird Ihr ein und alles, füllt Ihren inneren Raum von Horizont zu Horizont aus. Sollten sich in dieses Heiligtum Gedanken einschleichen, so kehren Sie einfach zum Klang zurück.

Nehmen Sie sich am Ende dieser Meditation mehr Zeit als sonst, um wieder in das Alltagsbewußtsein zurückzukehren.

Musik

Es liegt nahe, zu glauben, daß sich »New-Age-Musik« besonders gut zum meditativen Hören eignet. Mit diesem Argument wird sie oft verkauft, manchmal steht sie auch unter dem Etikett »Meditation« in den Regalen. Trotzdem sollte man diese Annahme nicht ungeprüft übernehmen.

Ohne Zweifel verbreitet »meditative Musik« eine friedliche Stimmung. Die langsamen Klangfolgen, die simplen Harmonien und wenig strukturierten Rhythmen beruhigen und stören nicht, wenn sie im Hintergrund laufen, man dabei in Ruhe seinen Kräutertee trinkt oder jemanden massiert. Aber gerade die Ereignislosigkeit dieser Musik macht es äußerst schwer, dabei nicht in Tagträumerei zu verfallen. Das ist aber nicht das, was man in der Musik-Meditation anstrebt.

Machen Sie einmal den Gegenversuch mit einer gut strukturierten Musik in mittlerem Tempo, sei es Klassik, Folk, Country oder was auch immer (Heavy Metal ist wohl eher ungünstig). Wahrscheinlich wird es Ihnen leichter fallen, dem unmittelbaren Geschehen der Musik zu folgen, ohne abzuschweifen – das heißt wirklich nur die Musik im Bewußtsein zu halten und nichts anderes.

Natürlich spielen dabei persönliche Vorlieben eine große Rolle. Sollten Sie nach diesem Test wieder zur »meditativen« Musik zurückkehren, so können Sie wenigstens sicher sein, daß es sich dabei um eine bewußte Wahl handelt und Sie nicht einfach nur ein gängiges Klischee übernommen haben.

Naturklänge

Bei schätzungsweise jeder zweiten New-Age-Musik erklingt anfangs oder später das Geräusch der Brandung. Ebenso sind Vogelstimmen und Windgeräusche ein ausgesprochener Dauerhit. Es gibt auch ganze CDs oder Kassetten, die nur solche *nature sounds* wiedergeben.

Mit einem halbwegs guten Recorder (mit Außenmikrophon, am besten ohne automatische Aussteuerung) können Sie sich ähnliche Klangvorlagen maßgeschneidert selbst anfertigen. Ich empfehle Meeresrauschen und das Geräusch fließenden Wassers. Wenn Sie nahe genug an die Geräuschquelle herangehen, klingt auch die kleinste Stromschnelle wie ein Wasserfall. Und ein gluckerndes Bächlein ist an Schönheit kaum zu überbieten. Vogelstimmen und Windgeräusche sind eher etwas für den versierten Tonjäger.

Naturklänge live

Es gibt sicher viele Gründe dafür, in der Natur zu meditieren – nicht nur akustische. Aber es ist ein besonderes Erlebnis, dort einmal lange und mit voller Aufmerksamkeit nur auf Geräusche zu achten. Um den Effekt zu verstärken, können Sie sich auch im Dunkeln hinsetzen. In Gegenden mit vielfältigem Tierleben sind besonders die ersten Stunden der Nacht faszinierend.

Die meisten Menschen werden das nicht zur täglichen Praxis machen können. Sie können aber die so geschärften Sinne auch in Ihrer täglichen Meditation einsetzen. Wie ruhig Sie auch wohnen, immer wird es genug Geräusche geben, denen Sie Ihre volle, ungeteilte, meditative Aufmerksamkeit schenken können.

In den Alltag hinübergerettet, kann diese Gewohnheit zu einem Weg der ständigen Meditation werden – ein Thema, das uns in Kapitel 18 beschäftigen wird.

Kapitel 9

Die Kunst des Schauens

Weil Meditation eine »Reise nach innen« ist, stellen wir uns unwillkürlich vor, daß man dabei die Augen schließen muß.

Meistens geschieht dies ja auch. Darüber gerät aber oft in Vergessenheit, daß es Formen der Meditation gibt, bei denen man nicht nur die Augen öffnet, sondern das Schauen selbst zur Übung macht.

In gewissem Sinn ist die visuelle Wahrnehmung die größte Herausforderung für den Meditierenden. Und zwar deshalb, weil sie von allen Wahrnehmungsformen am ehesten so funktioniert wie unser begriffliches Denken und die darauf aufbauende Sprache.

Klare Verhältnisse

Die meisten Dinge, die wir sehen, haben eine deutliche Grenze. Wir wissen, bis wohin sie gehen und wo sie aufhören. Wenn wir die Welt ansehen, sehen wir sie als eine Ansammlung getrennter Gegenstände. Visuelle Wahrnehmung ist also *analytisch*, zergliedernd.

Außerdem geht der Gesichtssinn *sequentiell* vor. Lassen wir den Blick schweifen, so kommt alles schön der Reihe nach: hier dieser Baum, davor die Wiese, links das Bauernhaus, dahinter der Wald ...

Die visuelle Welt ist auch *logisch*. An einem bestimmten Ort sehen wir entweder ein Ding oder ein anderes, A oder nicht A. *Tertium non datur*, wie es in der klassischen Logik heißt: Etwas Drittes gibt es nicht.

Wir sehen also, wie wir denken. »Das sehe ich nicht«, sagen wir, wenn wir etwas nicht verstehen; »das siehst du falsch« heißt eigentlich: Da bist du im Irrtum.

Diese Affinität zum Begrifflichen verleitet uns dazu, beim Sehen die Dinge eher zu benennen als richtig anzuschauen. Das zeigt sich immer wieder bei Zeugenaussagen. Der Täter war »mittelgroß«, heißt es da etwa, er hatte eine »dunkle Jacke« an, sah »irgendwie südländisch« aus – was hätte der Zeuge alles über ihn sagen können, wenn er ihn richtig wahrgenommen hätte, anstatt sein Bild einfach nach ein paar bequemen Kategorien zu sortieren!

»Der Gedanke ruiniert die Wahrnehmung«, schreibt die Amerikanerin Jean Houston – besonders in unserer Gesellschaft, die geordnetes Denken für so überaus wichtig hält. »Wenn du etwas ansiehst«, sagt der indianische Lehrer seinem berühmten Schüler Carlos Castaneda in einem seiner Bücher, »dann eigentlich nur, um sicher zu sein, daß es noch da ist.«

Der meditative Blick will also wieder gelernt sein. Dabei stehen uns nicht nur eingefahrene Gewohnheiten im Wege, sondern auch körperliche Hindernisse.

Entwarnung für die Augen

Unsere Augen werden von kleinen Muskeln bewegt, die den ganzen Tag viel zu tun haben. Sie steuern und koordinieren die Augenbewegungen, stellen die Linsen so ein, daß wir den Bereich scharf sehen, den wir erfassen wollen, sie weiten und schließen die Pupillen je nach Lichteinfall.

Bei den meisten Menschen sind diese Muskeln nicht so locker, wie sie sein könnten. Nur werden uns diese Spannungen selten bewußt, man spürt sie nicht, wie zum Beispiel einen verkrampften Nacken.

Trotzdem gibt es Wege, hier für mehr Entspannung zu sorgen. Bevor Sie sich also an die visuellen Meditationen machen, wenden Sie sich am besten erst einmal Ihren Augen zu.

Palmieren
Palm heißt auf Englisch Handfläche, daher der Name.

Setzen Sie sich an einen Tisch, auf dem Sie bequem Ihre Ellbogen aufstützen können. Damit es nicht zu hart wird, können Sie noch ein Kissen auf die Tischfläche legen. Bedecken Sie jetzt Ihre Augen mit den gewölbten Handflächen, und zwar so, daß überhaupt kein Licht mehr durchdringt. Schließen Sie *nicht* die Augen.

Eine seltene Wohltat: Sie haben die Augen offen, müssen aber nichts ins Auge fassen, nichts fixieren, weil es nichts zu sehen gibt.

Machen Sie das ohne Zeitvorgabe, so lange Sie wollen – was lange sein kann, weil diese Übung außerordentlich erholsam ist. Danach betrachten Sie die Welt garantiert ganz anders als vorher: frischer und aufgeschlossener.

Nun können Sie zur Augengymnastik übergehen.

Die liegende Acht
Setzen Sie sich vor eine möglichst gleichförmige Fläche, zum Beispiel eine Wand. Beschreiben Sie nun mit Ihrem Blick die Figur einer liegenden Acht; erst in eine Richtung, dann entgegengesetzt. Wichtig ist dabei, daß Sie die Wand nicht direkt fixieren. Sie folgen eher einer imaginären Linie auf ihr.

Fokussieren

Halten Sie einen Zeigefinger im Abstand von etwa 30 Zentimetern genau vor Ihre Nase. Blicken Sie dann abwechselnd auf den Finger und auf »unendlich«. Mehrmals wiederholen, aber nicht so oft, daß es Sie ermüdet.

Lichtblitze

Setzen Sie sich, wenn Sie in einem Innenraum sind, mit Blick auf ein helles Fenster; im Freien in Richtung Sonne. Diesmal schließen Sie die Augen, aber nur leicht.

Bringen Sie nun Ihre Hände mit gespreizten Fingern vor die Augen und fahren Sie damit in gegenläufiger Richtung auf und ab – eine Hand geht nach oben, während die andere nach unten geht.

Durch die Augenlider werden Sie die Lichtblitze sehen, die dabei durch die Zwischenräume der Finger dringen – eine sanfte, belebende Stimulierung der Netzhaut.

Akupressur

Schließen Sie die Augen. Legen Sie dann die Daumen innen an der Nase unter die Augenbrauen, und massieren Sie mit wenig Druck und kleinen, kreisenden Bewegungen die Augenhöhlen unter den Brauen von innen nach außen. Außen angekommen wechseln Sie zu Zeige- oder Mittelfinger und massieren die Backenknochen unter den Augen.

Machen Sie das nur einmal, aber lassen Sie sich Zeit dabei. Sollte es an manchen Punkten etwas weh tun, so widmen Sie dieser Stelle besondere Aufmerksamkeit.

Ganz entspannt und von der Last des scharfen Blicks befreit, können Sie sich jetzt der visuellen Meditation zuwenden.

Visuelle Meditationen

Schauen wie ein Kind

Setzen Sie sich an einen Tisch, räumen Sie ihn leer, und stellen Sie darauf einen Gegenstand, den Sie gerne ansehen. Für den Anfang sollte er weder zu einfach noch zu reich an Details sein.

Nun betrachten Sie den Gegenstand entspannt, mit nicht ganz fokussiertem Blick, aber ununterbrochen. Widmen Sie ihm Ihre ungeteilte Aufmerksamkeit. »Erfassen« Sie aber den Gegenstand nicht mit den Augen – das Bild kommt ganz von allein zu Ihnen. Benennen Sie auch nicht, was Sie sehen (»das schöne Blumenmuster« oder ähnliches). Wenn Gedanken auftauchen, kehren Sie wieder zur Wahrnehmung zurück. Führen Sie dies so lange durch, bis Sie merken, daß Ihre Aufmerksamkeit ernsthaft nachläßt. Zur Anstrengung soll es ja nicht werden.

Sie haben soeben mehr getan, als »sich nur zu vergewissern, daß der Gegenstand da ist«.

Mandalas

Traditionell dienten im Osten am häufigsten Mandalas als Gegenstand der meditativen Betrachtung. Dies sind symmetrische, oft kreisförmige Sinnbilder, die symbolisch den Aufbau des Universums darstellen. Man findet sie bei uns in vielen Büchern wiedergegeben, oft werden sie auch in spirituellen Buchläden als Wandschmuck verkauft.

Diese historischen Mandalas können wunderschöne Kunstwerke sein. Für den Anfänger in visueller Meditation haben sie den Nachteil, daß sie meist zu detailreich und interessant sind: Götter und Göttinnen, erleuchtete Meister und ihre Schüler, Landschaften im Hintergrund können einen ganz schön ablenken.

Moderne Maler mit esoterischen Neigungen malen aber auch gerne Mandalas, die dann meist einfacher sind.

Am leichtesten und billigsten ist es, sich sein Mandala selbst herzustellen.

Mandalamalen

In unserem Zusammenhang ist dies zwar nur eine Vorbereitung. Aber Malen kann selbst zu einer sehr meditativen Aktivität werden.

Die Wahl der Mittel bleibt Ihnen überlassen. Am besten, Sie nehmen die Materialien, die Sie bereits im Hause haben, die entsprechen nämlich Ihren Neigungen.

Beginnen Sie Ihr Bild damit, daß Sie freihändig einen Kreis zeichnen, den Sie in vier Quadranten unterteilen. Ab da lassen Sie Ihrer Kreativität freien Lauf. Schwarzweiß, bunt, gegenständlich, abstrakt, Muster oder Farbkleckse – alles Ihre Sache. Bemühen Sie sich nicht nicht, Kunst im herkömmlichen Sinn zu produzieren, sondern drücken Sie sich frei aus, ohne viel zu überlegen. Ob Sie »malen können«, spielt hier keine Rolle.

Mandala-Meditation

Wie immer Sie zu Ihrem Mandala gekommen sind: Hängen Sie es etwa in Augenhöhe auf, und betrachten Sie es dann auf die gleiche Weise wie vorher den selbstgewählten Gegenstand: mit liebevoller, entspannter, aber unbeirrbarer Aufmerksamkeit.

Kerzenflamme

Spirituelle Schulen des Ostens empfehlen ihren Schülern oft, in einem dunklen Raum lange unverwandt eine Kerze anzustarren.

Kerzen haben schon in normalen Situationen einen gewissen hypnotischen Effekt. Die Konzentration darauf fällt also ziemlich leicht. Aber eine offene Flamme ist kein so harmloses Objekt der Betrachtung wie etwa ein Blumentopf. In sehr direkter Weise treten Sie hier mit dem Element Feuer in Verbindung, das in Ihrer Psyche ungeahnte Prozesse auslösen kann.

Wenn Sie es also mit der Kerzen-Meditation versuchen wollen, empfehle ich Ihnen, sie nie als einzige Methode einzusetzen und sie nicht zu intensiv zu betreiben. Sollten Sie feststellen, daß Sie anfangen, danach süchtig zu werden, so ist dies ein Zeichen zum Aufhören.

Die Tafeln von Chartres

Der Ursprung dieser Methode liegt im Osten, von wo sie durch die Zigeuner nach Europa gebracht wurde. Die verwendeten Formen finden sich aber mysteriöserweise auch im Grundriß der Kathedrale von Chartres. George Pennington, ein in Deutschland lebender Amerikaner, der viel mit den Tafeln arbeitet, gab ihnen ihren heutigen Namen.

Es handelt sich um eine genau festgelegte visuelle Vorlage, die auf eine ganz bestimmte Weise betrachtet wird: Rechteck, Quadrat und Kreis in jeweils doppelter Ausführung. Abbildung 7 stellt sie dar und kann auch gleich als Muster für ihre Anfertigung benutzt werden.

Schneiden Sie jede Figur, einmal aus rotem und einmal aus blauem Karton, aus und kleben sie dann in der gezeigten Weise auf ein größeres Stück weißen Kartons. Die Größe können Sie nach Belieben variieren; behalten Sie aber die Proportionen bei, sie sind wichtig.

Nun bringen Sie die Tafeln so an, daß Sie sie über längere Zeit bequem betrachten können. Wenn Sie schielen können, sind Sie für das Kommende gut gerüstet.

Schielen Sie also und beobachten Sie, wie Sie plötzlich statt zwei Reihen vier wahrnehmen: Sie sehen doppelt. Verschieben Sie nun die getrennten Bilder Ihrer Augen so lange, bis zwei der vier wahrgenommenen Reihen zur Deckung kommen. Mit einem Mal wird vor Ihnen eine Reihe aus Rechteck, Quadrat und Kreis förmlich in der Luft hängen. Der Eindruck ist ausgesprochen räumlich, obwohl das Bild eigentlich *fiktiv* ist. Es setzt sich nämlich aus zwei Hälften von zwei getrennten Bildern zusammen – Sie schielen ja immer noch.

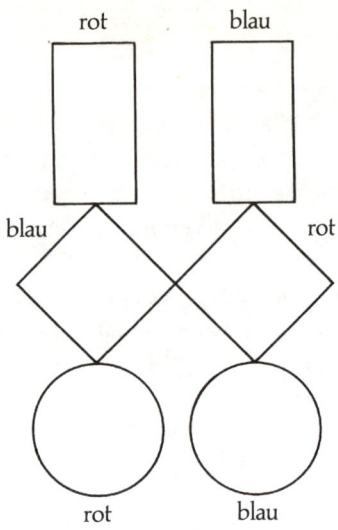

Abb. 7:
Die Tafeln von Chartres

Der nicht-schielende Teil der Bevölkerung muß sich anders behelfen: Bringen Sie die Vorlage dicht vor Ihre Augen, bewegen Sie sie dann langsam von Ihrem Gesicht weg, aber behalten Sie die Einstellung »auf unendlich« bei. Auch so werden Sie doppelt sehen; normalerweise würden Sie nämlich Ihre Augen auf das Objekt konvergieren lassen. Durch Veränderung des Abstandes werden auch hier an einem Punkt zwei Hälften von getrennten Bildern verschmelzen, mit dem gleichen Ergebnis wie oben.

In der Beschreibung klingt das enorm kompliziert. Sowie Sie es aber einmal heraushaben, können Sie den gewünschten Effekt in Sekundenschnelle herstellen.

Wozu macht man so etwas nun? Auch das werden Sie sehr schnell merken: Er erzeugt ein ausgeprägtes Gefühl innerer Ruhe. Kaum ein reales Objekt läßt sich über lange Zeit derart entspannt und konzentriert zugleich betrachten wie dieses durch einen Wahrnehmungstrick entstandene Kunstprodukt.

Die Wirkung der Übung dürfte, modern ausgedrückt, auf der Synchronisierung der Aktivität beider Hirnhälften beruhen (die genaue Erklärung ist ziemlich langwierig und hängt mit der »Verdrahtung« der Sehnerven zusammen). Wenn die Farbe des Bildes immer wieder von Rot nach Blau wechselt, so ist das ein Zeichen für die wechselnde Dominanz der Hirnhälften. Beide tragen nämlich eine Hälfte zum Bild bei, einmal in Rot, einmal in Blau.

Ich kenne Leute, die nie mehr ohne ihre DIN-A5-Version der Tafeln von Chartres verreisen. Zur Not können Sie sich aber mit zwei genau gleich aussehenden Gegenständen, etwa Münzen oder Zigaretten, behelfen. Auch Wände bieten immer wieder gleichförmige Muster. So kommen die Freunde der Tafeln sogar im Wartezimmer oder im Dampfbad zu ihrer Meditation.

Die derzeit so populären Bilder vom Typ »magisches Auge« arbeiten nach dem gleichen Verfahren. Allerdings sind Sie meist so komplex, daß sie sich für die Meditation nicht gut eignen.

Auf jeden Fall sind die Tafeln von Chartres weit mehr als nur eine interessante optische Spielerei. Um die tiefgreifenden Wirkungen dieser Methode ermessen zu können, sollten Sie sie über längere Zeit (mindestens ein paar Wochen) regelmäßig praktizieren.

Der 180-Grad-Blick

Wie schon am Anfang des Kapitels erwähnt, greifen wir beim normalen Sehen einen Gegenstand aus dem Blickfeld heraus – eben das, was wir anschauen. Der 180-Grad-Blick, eine alte schamanische Übung, macht genau das Gegenteil. Das ist nicht leicht zu beschreiben, aber eine Vorübung hilft hier sehr.

Blicken Sie, ohne etwas Bestimmtes anzusehen, gerade nach vorne. Heben Sie dann Ihre Hände in Höhe der Ohren hinter den Kopf. Nun bewegen Sie die Hände langsam nach vorne: Sie merken sofort, wann sie in Ihr Blickfeld getreten sind. Bewegen Sie die Finger hin und her, so ist auch das deutlich wahrnehmbar.

Auf diese Weise bekommen Sie einen Eindruck davon, wieviel Sie auch dort sehen, wo Sie nicht direkt hinschauen.

Jetzt begeben Sie sich am besten in die freie Natur; ein lichter Wald ist ideal. Setzen oder stellen Sie sich hin, und blicken Sie entspannt und unfokussiert geradeaus. Richten Sie Ihre Aufmerksamkeit auf die Ränder des Gesichtfeldes. Dort kann viel los sein: Äste bewegen sich im Wind, Wolken ziehen, vielleicht fliegen Vögel. Bemerken Sie, wieviel Sie wahrnehmen. Widerstehen Sie aber dem Impuls, Ihre Eindrücke durch direktes Hinsehen zu überprüfen.

Erweitern Sie dann Ihre Aufmerksamkeit mehr und mehr auf das gesamte Gesichtsfeld – die Augen immer geradeaus gerichtet. Nach längerer Übung werden Sie alles in Ihrem Gesichtskreis zugleich und gleich gut wahrnehmen. Dies ist von einem schwer zu beschreibenden Gefühl der Ausgeglichenheit und Zentriertheit begleitet.

Die neu erworbene Fähigkeit bewährt sich auch in der Bewegung. Gehen Sie zum Beispiel auf einer Wiese oder einem ebenen Waldweg und schauen Sie mit dem 180-Grad-Blick geradeaus. Man sollte meinen, Sie würden schon über den nächsten Maulwurfshügel stolpern; aber dem ist nicht so. Schon nach kurzer Zeit werden Sie sich erstaunlich sicher im Gelände bewegen.

Enthusiasten betreiben diese Übung sogar in der Dämmerung oder im Dunkeln und stellen fest, daß sie selten irgendwo anstoßen, obwohl sie nach herkömmlichem Verständnis eigentlich blind sein müßten. Der 180-Grad-Blick scheint den Körper in einen Zustand zu versetzen, in dem er instinktiv weiß, wo alles ist.

Nicht blinzeln

Jede visuelle Meditation können Sie außerordentlich dadurch intensivieren, daß Sie währenddessen nicht blinzeln.

Das Blinzeln steht in einem merkwürdig engen Zusammenhang mit dem allgemeinen Erregungsniveau eines Menschen. Psychologen benutzen die Lidschlag-Frequenz gerne als Indikator dafür. Je öfter man pro Minute blinzelt, desto erregter, wacher ist man; bei Entspannung und in Trance sinkt die Frequenz auf wenige Male pro Minute.

Der Zusammenhang läßt sich aber auch in der Gegenrichtung befahren: Sobald Sie aufhören zu blinzeln, werden Sie eine Art inneren Stillstand erfahren. Die Denkvorgänge hören auf oder verlangsamen sich, die Zeit wird statisch, das betrachtete Bild steht eindringlich und schweigend vor Ihnen.

Die nächste Störung, die sich einschleicht, kommt dann von den Augen; sie fangen an, zu brennen, weil der Tränenfilm über der Hornhaut nicht mehr regelmäßig beiseite geschoben wird. Durch erhöhte Tränenproduktion löst sich dieses Problem aber nach kurzer Zeit von selbst. Trotzdem braucht es seine Zeit, bis man sich an diese Art des Schauens gewöhnt hat und sie aufrechterhalten kann.

Sekundenzeiger

Zum Abschluß eine Übung, bei der Sie sicher sein können, daß sie nicht seit Jahrtausenden in tibetischen Bergklöstern gelehrt wird. Man braucht dazu nämlich eine Uhr; genauer gesagt eine mit Sekundenzeiger.

Bringen Sie die Uhr in eine Lage, wo Sie sie bequem im Blick haben. Betrachten Sie nun den Sekundenzeiger, und folgen Sie seinem Lauf durch den Kreis des Zifferblattes. Da es sich um ein bewegtes Bild handelt, nimmt es die Aufmerksamkeit leicht gefangen.

Je länger Sie damit fortfahren, desto ruhiger wird es Ihnen erscheinen. Ähnlich wie bei der Konzentration auf die Pause zwischen Ein- und Ausatmen (siehe Seite 54) gibt es hier einen »Angelpunkt«, an dem überhaupt nichts geschieht: der kurze Moment, an dem der Zeiger stillsteht. Dieser Moment kann zur kleinen Ewigkeit werden. Das Ergebnis: Ruhe in der Bewegung. Durch Nicht-Blinzeln wird der Effekt deutlich verstärkt.

Im Unterschied zu anderen Methoden erfordern visuelle Meditationen vom Meditierenden einige Aktivität. Er muß eine Vorlage finden oder herstellen, mehr oder weniger stark in den Ablauf der normalen Wahrnehmung eingreifen, bei manchen Verfahren regelrechte »Tricks« anwenden. In den Augen vieler Menschen hat das etwas Manipulatives, das irgendwie nicht zur Meditation paßt.

Wenn man Methoden aber danach beurteilt, wie weit sie geeignet sind, meditatives Bewußtsein zu erzielen, so sind die visuellen Verfahren ganz bestimmt nicht weniger wirksam.

Die Welt mit anderen Augen betrachten – mit Hilfe der visuellen Meditation können Sie erfahren, was das konkret bedeutet.

Kapitel 10

Die Schulung der inneren Sinne

In mehr oder weniger starkem Maße leben wir alle in zwei Welten: in der sichtbaren, materiellen und in der unsichtbaren, die uns nachts ganz gefangen nimmt, die aber tags nie ganz verschwindet. Da fungiert sie dann als »inneres Leben« – Gedanken, Vorstellungen, Erinnerungen, Ahnungen, Tagträume … der ganze Schmetterlingsschwarm unseres Geistes.

Für gewöhnlich akzeptieren wir, daß wir darüber nur wenig Kontrolle haben. *Zielgerichtetes Handeln* findet für uns in der Außenwelt statt: Dort planen wir und führen unsere Absichten aus, wir wollen etwas erreichen und tun das, was nötig ist, um es zu verwirklichen. Wir manipulieren die Welt und wenden Techniken an, so gut wir es eben können.

Im Inneren sehen wir hingegen hauptsächlich *Vorgänge*. Die geschehen eben, laufen ab, kommen über uns, und wir haben das Gefühl, nicht viel mehr tun zu können, als sie entweder wahrzunehmen oder auszublenden. Einzig ein paar rationale Funktionen werden in der Schule notdürftig trainiert: Memorieren, Rechnen, ein wenig logisches Denken.

Jede Meditation verlangt aber ein *aktives Handeln der Seele*. Selbst in der sehr passiv anmutenden Form, die als erste beschrieben wurde (Seite 49), muß der Meditierende sich aktiv von seinem inneren Geschehen distanzieren. Später haben wir dann Formen kennengelernt, wo man gezielt seine Wahrnehmung auf etwas ausrichtet.

Der Gegenstand der Aufmerksamkeit lag bisher meist in der materiellen Welt. Er kann sich aber auch im Inneren

befinden. Dazu ist es freilich notwendig, erst einmal *die
inneren Sinne zu schulen.*

Wie außen, so innen

Visualisieren & Co

Leiter von Selbsterfahrungs- und Psychogruppen
beobachten das immer wieder: Wenn sie eine
Übung mit den Worten ansagen »Schließe die Augen, und sieh vor deinem inneren Auge …«, so
fangen manche Gruppenmitglieder mit Begeiste-
rung an und sind nach wenigen Minuten schon auf
interessanten psychischen Trips. Andere haben hingegen große Mühe, auch nur das anfängliche Bild
aufzubauen.

Für die letzteren wird die folgende Übung besonders hilfreich sein. Führen Sie sie aber auch durch,
wenn Sie sich zur ersten Gruppe zählen. Warum
werde ich gleich erläutern.

Richten Sie es so ein, daß Sie vor einer optisch
einheitlichen Fläche sitzen. Das kann ein leerer Tisch
oder eine leere Wand sein, oder sonst ein uniformer
Hintergrund.

Suchen Sie sich einen kleinen Gegenstand, der
optisch weder zu karg noch zu komplex ist. Das
kann ein Bleistift sein, ein Stein, eine Murmel, ein
Stück Holz … Vermeiden Sie Gegenstände mit Be-
schriftung, das lenkt ab.

Betrachten Sie das Objekt nun mehrere Minuten
lang auf die Weise, wie es im letzten Kapitel beschrieben wurde: Es gibt nur dieses Ding vor Ihnen,
das Ihre volle Aufmerksamkeit beansprucht. Sehen
Sie jede Einzelheit genau.

Schließen Sie, bis zuletzt den Gegenstand fixierend, sanft Ihre Augen. Jetzt visualisieren Sie ihn in der gleichen Größe und Lage. Sie sehen ihn einfach mit dem inneren Auge.

Anfangs wird es dabei eine große Unterbrechung geben: wahrgenommener Gegenstand – Pause, Zusammenbruch des Bildes – langsames Auftauchen des inneren Bildes. Auch wird das innere Bild weniger genau, detailreich, plastisch und stabil sein.

Angenommen, Sie haben sich bisher für einen »guten Visualisierer« gehalten, weil es Ihnen leicht fällt, innere Bilder aufzurufen. Mit großer Wahrscheinlichkeit werden auch Sie mit der Übung zunächst Ihre liebe Not haben. Deshalb habe ich geraten, daß jeder sie durchführen soll.

Der erste Schritt zur Meisterschaft besteht darin, das innere Bild zu vervollkommnen. Sehen Sie es immer naturgetreuer, plastischer, deutlicher, bis es vom äußeren Bild nicht zu unterscheiden ist.

Arbeiten Sie nun an der Schnittstelle zwischen innen und außen. Versuchen Sie, das Intervall zwischen den Bildern immer kürzer werden zu lassen, bis Sie zum Schluß den Übergang von außen nach innen kaum noch bemerken.

Der Augen-Blick der Wahrheit kommt aber erst.

Legen Sie sich, bevor Sie die Übung beginnen, einen hellgrauen oder elfenbeinfarbenen Karton zurecht; er sollte jedenfalls nicht weiß sein. Beginnen Sie dann die Übung wie bisher. Sie betrachten also den Gegenstand und nehmen ihn nach innen, während Sie die Augen schließen.

Nun bringen Sie den Karton vor Ihre Augen, öffnen diese und sehen den visualisierten Gegenstand *auf dem Karton.* Sie müssen wirklich das Gefühl haben, daß er *außen* ist und nicht bloß vorgestellt. Er sollte dort so gegenständlich erscheinen wie irgend etwas anderes, das Sie anschauen.

Dies ist gewiß eine Übung für Ausdauernde. Aber auch, wenn Sie das Kunststück nicht bis zur Perfektion meistern, profitieren Sie sehr davon.

Nach dem gleichen Prinzip können wir nun mit allen Sinnen verfahren. Vielleicht wird das noch interessanter sein, weil für die meisten von uns der Gesichtssinn so dominant ist und man bei anderen Sinnen wahrhaft Neuland betritt.

Gehör: Als akustische Reize eignen sich am besten Geräusche, die man nicht als besonderen Klang empfindet. Also keine Gongs, Klangschalen, Harfen und ähnliches, sondern banale Alltagsgeräusche. Die Auswahl ist schier grenzenlos: das Rascheln von Papier, das Geräusch eines Messers auf dem Schneidbrett, das Klappern von Streichhölzern in einer Schachtel, ein tropfender Wasserhahn, das Laufen eines Elektromotors ... Schon die Auswahl der Geräusche ist ein kreatives Vergnügen. Versuchen Sie, eine möglichst große Bandbreite zu erzielen (sanft-hart, laut-leise, kontinuierlich-abrupt). Wichtig ist, daß sich das Geräusch willentlich produzieren und abstellen läßt.

Nun gehen Sie ebenso vor wie bei der vorherigen Übung. Produzieren Sie das Geräusch oder lassen Sie es von einem Partner produzieren, sofern vorhanden. Hören Sie so intensiv und aufmerksam zu, wie Sie können.

Dann beenden Sie das Geräusch und versuchen, es innerlich zu hören. Auch dies wird erst einmal ein »müder Abklatsch« des Originals sein. Arbeiten Sie daran, das Geräusch so getreu wie möglich innerlich zu hören, mit allen Klangfarben und sonstigen Merkmalen.

Die harte Zäsur, wie sie bei der Visualisierung

durch das Schließen der Augen entsteht, entfällt hier natürlich. Trotzdem dauert es anfangs eine Weile, bis sich der innere Klang aufgebaut hat. Verkürzen Sie dieses Intervall systematisch, bis äußeres und inneres Geräusch nahtlos aufeinander folgen.

Abschließend versuchen Sie, das Geräusch *außen* zu hören (ohne daß es produziert wird, versteht sich). Ein so deutlich abgegrenzter Eindruck wie bei der visuellen Wahrnehmung ist hier aber nicht zu erreichen.

Sehr interessant ist die akustische Variante mit der eigenen Stimme. Sie sagen also etwas und hören anschließend sich selbst innerlich das gleiche sagen. Fangen Sie mit Telephonnummern an (übrigens eine gute Merkhilfe) und steigern Sie sich bis zu, sagen wir, einer Strophe eines Gedichtes.

Mit einem Partner, sofern vorhanden, wird dies beinahe zur Psycho-Übung. Sie werden viel über seine oder ihre Stimme und damit über ihn oder sie lernen.

Schließen Sie, wenn Sie mit anderen Sinnen als dem Gesichtssinn arbeiten, nie die Augen. Dadurch könnte die Sache nämlich zur multidimensionalen Phantasie werden, bei der mehrere innere Sinne zusammenwirken.

Tastsinn: Auch dabei macht schon die Auswahl der Sinnesreize großen Spaß. Wieder steht Ihnen das ganze Universum Ihres Haushalts zur Verfügung: ein Stück Stoff, die Kaffetasse, eine Zeitung, eine Orange … Oder wie fühlt es sich an, wenn Ihre Hand in eine Schale mit Wasser taucht? Ihr Rücken an der Wand lehnt? Und so weiter.

Ansonsten läuft die Übung ab wie vorher. Sie konzentrieren sich auf die Tastempfindung, beenden

Sie, reproduzieren sie innerlich und versuchen, den Übergang so nahtlos wie möglich zu machen.

Die »Projektion nach außen« entfällt hier allerdings. Um etwas *außen* fühlen zu können, müßten Sie schon fähig sein, eine »Außerkörperliche Erfahrung« herzustellen; das ist zwar nicht unmöglich, aber eine äußerst langwierige Angelegenheit.

Geruch und Geschmack: Die Aufgabe, einen objektiv nicht vorhandenen Geruch oder Geschmack innerlich zu erleben, stellt eine ziemliche Herausforderung dar. Der äußere Reiz als Vorbild und Bezugspunkt ist dabei noch wichtiger als bei den anderen Sinnen.

Allerdings lassen sich Gerüche und Geschmacksreize nicht abrupt abstellen – ein paar Moleküle hängen immer noch in der Luft oder auf der Zunge. Der Übergang zwischen objektiver und subjektiver Empfindung ist hier also fließend.

Der sechste Sinn: »Haben Menschen einen sechsten Sinn?« fragen tiefschürfende Artikel und Sendungen immer wieder, wenn es um das Thema der »außersinnlichen Wahrnehmung« geht. Dabei übersehen sie völlig, daß wir alle über noch einen Sinn verfügen, der überhaupt nichts Paranormales an sich hat: den »kinästhetischen«, das Empfinden für die Lage des eigenen Körpers im Raum. Auch mit diesem läßt sich die Übung durchführen.

Stellen Sie sich aufrecht hin, und heben Sie den Arm. Nehmen Sie Ihre Körperempfindung dabei eine Zeitlang so deutlich und konzentriert wahr, wie Sie können. Senken Sie den Arm und reproduzieren Sie das Gefühl innerlich (manchmal wird das mit der Anweisung ausgedrückt: »Heben Sie Ihren kinästhetischen Arm.«). Intensivieren Sie diese Empfindung, bis sie sich völlig real anfühlt, und versuchen Sie, den Übergang zwischen objektiv begründeter und innerlicher Empfindung möglichst nahtlos zu machen.

Gehen Sie allmählich zu immer ungewöhnlicheren Haltungen über. Wahrscheinlich haben Sie die Lage Ihres Körpers im Raum noch nie so deutlich und bewußt wahrgenommen.

Alles Einbildung

So trainiert, können Sie nun darangehen, ohne äußere Vorlage rein imaginative innere Eindrücke zu produzieren. Dazu werden Sie bei Meditationen (die noch beschrieben werden) oft aufgefordert – deshalb sind Übungen dieser Art so wichtig.

Virtuelle Realität

Mono: Im Prinzip ist der Verlauf einer solchen Imagination bei allen Sinnen der gleiche. Entscheiden Sie sich zunächst für einen Sinneseindruck, den Sie imaginieren wollen: ein Bild, einen Klang, einen Geruch, und so weiter. Legen Sie sich dann hin, schließen Sie die Augen, entspannen Sie sich, atmen Sie mehrere Male tief.

Dann produzieren Sie die innere Wahrnehmung so klar, deutlich und realistisch wie möglich und erhalten sie möglichst lange aufrecht. Am Anfang wird das nicht allzu lange sein.

Wenn Gedanken oder andere Eindrücke auftauchen, ärgern Sie sich nicht darüber, sondern kehren Sie wieder zu ihrer ursprünglichen Wahrnehmung zurück. Es ist wichtiger, eine ruhige, entspannte

Konzentration aufrechtzuerhalten, als »Rekordzei-
ten« zu erzielen.

Sobald Sie merken, daß Ihre Aufmerksamkeit
ernsthaft nachläßt, beenden Sie die Übung.

Gehen Sie bei der Auswahl vom Leichten zum
Schwierigen, von Vertrauten zum Ungewohnten vor.
Im visuellen Bereich könnten sie also zum Beispiel
mit einem einfachen Gegenstand anfangen, den Sie
oft sehen, und dann zu immer komplexeren Bildern
fortschreiten.

Stereo: Nun kombinieren Sie zwei Sinne: Sehen Sie
zum Beispiel vor Ihrem inneren Auge ein Stück
Camembert, und riechen Sie ihn mit Ihrer »inneren
Nase«. Oder zerknüllen Sie mit Ihrer »kinästhetischen Hand« ein Stück Papier, und hören Sie innerlich, welches Geräusch dabei entsteht. Betrachten
Sie ein imaginäres Stück Stoff, und fühlen Sie, wie
es sich auf der Hand anfühlt.

Vielleicht fällt es Ihnen dabei schwer, nur zwei
Sinne einzubeziehen. Dann sind Sie bereit für das
imaginäre Erleben einer Situation mit allen inneren
Sinnen.

Multi-Media: Am leichtesten geht dies mit Erinnerungen, die nicht lange zurückliegen. Vielleicht waren Sie gestern im Park spazieren? Dann erleben Sie
diesen Spaziergang jetzt noch einmal.

Legen Sie sich hin, schließen Sie die Augen, entspannen Sie sich. Sehen Sie sich nun in den Park
eintreten. Hören Sie das Geräusch, das Ihre Schritte
auf dem Weg machen, fühlen Sie die Bewegung in
Ihren Füßen. Spüren Sie den Wind in den Haaren.
Riechen Sie frisch gemähtes Gras, Blumenduft, Fett-
geruch von der nahen Pommes-frites-Bude ... wie
immer es in Wirklichkeit war.

Das Repertoire solcher Szenarien ist äußerst reichhaltig: eine Fahrt mit der Bahn, ein Gang zum Bäcker, ein Besuch im Schwimmbad, ein Rockkonzert (nicht zu nahe an die Boxen, das schadet dem inneren Gehör).

Als Schritt zwei dieser Übung fangen Sie mit der exakten Rekonstruktion einer Erinnerung an, die Sie dann aber imaginativ verändern. So können Sie zum Beispiel den gestrigen Besuch in der Pizzeria zu einem kulinarischen Höhepunkt werden lassen, auch wenn das Essen in Wirklichkeit eher mäßig war.

Schritt drei verhilft Ihnen zu einem Erlebnis, das Sie noch nie hatten. Sind Sie schon einmal mit dem Fallschirm abgesprungen? Nein? Dann machen Sie es jetzt. Steigen Sie in ein kleines Flugzeug, hören Sie das Geräusch des Motors, sehen Sie durch das Fenster den Horizont und die Landschaft unter sich. Nun springen Sie ins Leere, fühlen, wie Ihnen der Fahrtwind den Atem nimmt, holen mit der Hand den kleinen Fallschirm heraus, der den großen öffnet. Sie spüren einen Ruck im Geschirr um Ihre Brust, sehen die Erde auf Sie zukommen, landen in einem duftenden Heuhaufen.

Diese Arbeit mit der Imagination ist an sich schon eine sehr spannende und bereichernde Erfahrung. Man kann mit ihr auf verschiedene Weise weiterarbeiten.

Wenn Sie solcherart problematische oder verschüttete Erinnerungen durchleben, geht das in Richtung Psychotherapie. So verfährt etwa die Hypno-Therapie und die »Psychosynthese« (siehe auch Literaturverzeichnis, Titel 7). Bei dem berühmten amerikanischen Schauspiellehrer Lee Strasberg hieß die gleiche Übung *sense memory*, also Sinnen-Gedächtnis; sie wird heute viel in der Ausbildung von Schauspielern angewendet. Die Schüler sind meist begeistert davon.

Im Rahmen der Meditation ist die Schulung der inneren Sinne eine Vorübung. Wir bewegen uns also jetzt wieder in etwas disziplinierteren Bahnen, hin zur eher »klassischen« Meditation.

Kino im Kopf

Richten Sie sich mit Hilfe Ihrer inzwischen bestens geschulten Imagination ein inneres Kino ein. Die Sitzreihen bleiben ohnehin im Dunkel, wichtig ist nur eine ziemlich große Leinwand. Die sollten Sie deutlich vor sich sehen. An den Rändern, die auch die Ränder Ihres inneren Gesichtsfeldes sind, ist die Leinwand mit schwarzen Bändern abgedeckt. Es sollte wirklich eine Kinoleinwand sein, kein Fernsehmonitor oder Computerschirm.

Schließen Sie die Augen, nehmen Sie auf einem der Stühle Platz. Nun visualisieren Sie einen einfachen Gegenstand, sagen wir einen Apfel, aber nicht irgendwo, sondern *auf der Leinwand*. Nur dieser Apfel ist zu sehen, sonst nichts, außer vielleicht ein einfarbiger Hintergrund. Betrachten Sie das Bild ruhig und aufmerksam. Wenn es sich bewegt oder auflöst oder wenn sich andere Objekte ins Bild schieben, kehren sie sanft zum Ausgangsbild zurück.

Auf den ersten Blick scheint das den schon beschriebenen Visualisierungen zu gleichen, aber es gibt einen entscheidenden Unterschied: Die Art der Betrachtung ist anders. Sie schauen das Bild an wie etwas, das »da draußen« ist, auch wenn dieses »draußen« Ihr imaginärer Vorführraum ist.

Kultivieren Sie dieses Gefühl sorgfältig: Sie sehen das Bild nicht nur, Sie schauen oder starren es sogar an. Es ist *vor* Ihnen (im Innenraum). Sollte Ihnen dies beim Lesen haarspalterisch erscheinen, dann probieren Sie es aus. Sie werden den Unterschied merken.

Deshalb durfte es auch nicht die Vorstellung eines Bildschirmes sein; an denen sitzt man zu nahe.

Üben Sie zunächst ausgiebig in Ihrem Privatkino mit immer nur einem visualisierten Objekt. Betrachten Sie es, wie Sie es mit einem Mandala oder den *Tafeln von Chartres* tun würden.

Nun bringen Sie ein zweites Objekt mit ins Spiel, das heißt auf die Leinwand. Üben Sie so lange, bis die Bilder beider Objekte völlig stabil nebeneinander auf der Leinwand stehen. Versuchen Sie dann, Ihre Aufmerksamkeit gezielt zwischen dem einen und dem anderen hin- und herspringen zu lassen, ohne daß das Bild verschwindet, das Sie gerade nicht betrachten.

Als nächstes beginnen Sie, das imaginierte Objekt zu drehen, es dabei aber immer klar zu sehen. Sie drehen also zum Beispiel den Apfel, mit dem wir angefangen haben, und sehen ihn so nach und nach von allen Seiten. Auch das können Sie mit beiden Objekten machen.

Tattvas

Der nächste Schritt mag wie ein Rückschritt erscheinen. Sie sollen nämlich einfarbige geometrische Figuren visualisieren. Es könnte sich herausstellen, daß dies nicht so einfach ist, wie es scheint.

Wenn Sie die vorhergehenden Übungen gemacht haben, wird Ihnen der *Aufbau* des Bildes wahrscheinlich leichtfallen. Es aufrechtzuerhalten ist aber eine andere Sache. Denn eine geometrische Form bietet kaum optische Anhaltspunkte. Sie lädt also zum Driften der Aufmerksamkeit ein und erfordert viel mehr Konzentration als gewöhnliche Objekte.

Da diese Form der Meditation tiefer auf die Psyche wirkt, als man meinen sollte, rate ich, nicht einfach nach Belieben irgendwelche Formen und Farben zu wählen, sondern die indischen Symbole für die Elemente, die sogenannten Tattvas, als Vorlage zu nehmen. Sie haben sich über lange Zeit bewährt.

Es sind dies fünf: ein gelbes Quadrat für das Element Erde, ein silberfarbener Halbmond für Wasser, ein blauer Kreis für Luft, ein rotes Dreieck für Feuer und ein schwarzes Ei für Äther (Abbildung 8).

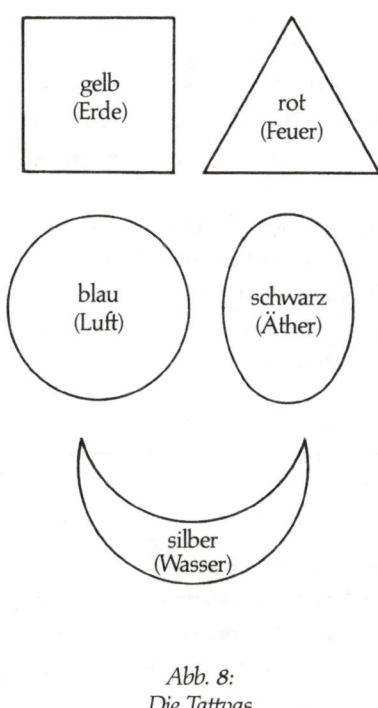

Abb. 8:
Die Tattvas

Wenn Sie ernsthaft damit arbeiten wollen, sollten Sie die Figuren erst einmal konkret herstellen. Wichtig ist, daß die Farben leuchtend und gleichmäßig sind. Farbiger Karton ist also ideal. Sollten Sie weißen Karton anmalen, so verwenden Sie keine Aquarellfarben, sondern entweder Öl oder Tempera, mit Sprühlack fixiert. Auf diese Weise erreichen Sie die nötige Brillanz der Farben.

Betrachten Sie als erstes die Tattvas wie eine gewöhnliche visuelle Meditationsvorlage, wie im vorigen Kapitel beschrieben.

Dann führen Sie die Übung *Wie außen, so innen* mit den Formen durch.

Nun können Sie die Tattvas als inneres Bild der Konzentration verwenden. Sie projizieren die Form auf die Leinwand Ihres Meditations-Kinos und betrachten dieses Bild so lange, wie es Ihre Aufmerksamkeit erlaubt. Steigern Sie die Zeiten langsam, und beobachten Sie die Wirkungen, die die Meditation auf Sie hat. Man neigt am Anfang dazu, sie zu unterschätzen.

Auch wenn Sie eine Lieblingsform haben – arbeiten Sie abwechselnd mit allen. Da es sich hier um Symbole für die Elemente handelt, und das heißt auch für die elementaren Schwingungszustände des Universums, schaffen Sie auf diese Weise eine harmonische Balance in Ihrem Inneren.

Schluß der Vorstellung

Krönender Abschluß jeder Visualisierung: Lassen Sie das Bild verschwinden. Nachdem Sie es aufgebaut und aufrechterhalten haben, bauen Sie es wieder ab.

Zurück bleibt die leere Leinwand. War das nicht das Ziel der Meditation – innere Leere? Probieren Sie aus, wie lange Sie diesen Zustand beibehalten können.

Kapitel 11

Lebensenergie

Die bisherigen Meditationen und die Arbeit mit Wahrnehmung und Imagination hat Ihre innere Handlungsfähigkeit gestärkt. Sie haben erlebt, was es heißt, »Herr im eigenen Haus« zu sein. Die Mühle im Kopf, der Schwarm von Schmetterlingen, die Horde Affen oder womit immer Sie Ihren unruhigen Geist vergleichen wollen – sie sind doch nicht so unkontrollierbar, wie Sie anfangs gedacht haben.

Diese neue Stärke können Sie nun in einer Vielzahl von Meditationen anwenden, bei denen Sie innerlich recht aktiv sind. Für den Betrachter wird es zwar so aussehen, als ob Sie nichts tun. In Wirklichkeit werden Sie aber zielgerichtet handeln und viel bewirken. Nur eben seelisch und nicht in der äußeren Welt.

In dem folgenden Kapitel werden wir Meditationsformen kennenlernen, die beim Körper und dem mit ihm verbundenen Energiesystem ansetzen.

Aufladen

Körper-Inspektion

Legen Sie sich hin, atmen Sie einige Male tief, entspannen Sie sich. Konzentrieren Sie sich nun auf Ihre großen Zehen. Nehmen Sie sie wahr. Wie fühlen sie sich an? Ist das Gefühl rechts und links gleich?

Gehen Sie jede Zehe einzeln durch, rechts und links. Dann weiter zu den Fußballen ... Mitte der

Fußsohlen ... Oberseite der Füße. Wissen Sie, wie viele Mittelfußknochen Sie haben? Haben Sie schon einmal an sie gedacht? Spüren Sie auch diese.

Weiter zu den Knöcheln. Außenseite, Innenseite, Mitte, jeweils rechts und links ... Ich könnte nun die gesamte menschliche Anatomie rezitieren. Detailliert vorgehend, können Sie mit dieser Übung leicht eine Stunde verbringen – was keine schlechte Idee ist.

Verfahren Sie bei jedem Teil Ihres Körpers gleich: Bemühen Sie sich zunächst, eine genaue, möglichst abgegrenzte Wahrnehmung davon zu bekommen (also nicht einfach »die Füße«), und spüren Sie dann dem Gefühl, der »Stimmung« nach, die an der betreffenden Stelle herrscht. Schlechte Laune im rechten Knie? Müdigkeit in den Hüftgelenken? Wut in der rechten Schulter? Fühlt sich die Leber überarbeitet? Bekommen die Genitalien Angst, wenn sie so genau erforscht werden? Sind die Hände dankbar für so viel Aufmerksamkeit? Sie werden erstaunt sein, wie viel Drama und verborgene Leidenschaft in Ihrem Körper steckt. Es ist jedenfalls bei den meisten von uns kein harmloser Spaziergang.

Vermutlich wird Ihr Energiepegel steigen, es kann sein, daß Sie einigermaßen aufgewühlt sind.

Sehen Sie dies nicht als Problem, das sofort gelöst werden muß. Vertrauen Sie darauf, daß allein die Aufmerksamkeit schon viel dazu beigetragen hat, die wahrgenommenen Spannungen aufzulösen; je öfter Sie die Übung machen, desto mehr.

Wenn Sie mit Ihrer Erkundung am höchsten Punkt Ihres Kopfes angekommen sind, entspannen Sie sich bewußt. Bleiben Sie noch eine Weile liegen, und beobachten Sie Ihre Atmung.

So heilsam diese Übung ist, wenn man sie regelmäßig durchführt, so steht bei ihr doch die Wahrnehmung dessen, was ist, im Vordergrund. Andere Reisen durch den Körper greifen stärker in sein Energiefeld ein.

Goldenes Licht

Legen Sie sich hin, entspannen Sie sich. Achten Sie eine Zeitlang auf Ihre Atmung. Stellen Sie sich dickflüssiges goldenes Licht vor. Das klingt paradox, ist aber leicht zu visualisieren. Tatsächlich wirkt schon allein die Vorstellung beruhigend.

Lassen Sie nun, während Sie ruhig weiteratmen, dieses Licht durch Ihre Zehen in den Körper eintreten und sehr langsam in Ihrem Körper hochsteigen. Wo es hinkommt, ist nichts anderes mehr da – Ihr Körper wird mit der Zeit zu einem Gefäß, das völlig von flüssigem goldenen Licht gefüllt ist. Genießen Sie dieses Gefühl, so lange Sie wollen.

Falls Sie die Meditation im Sitzen oder Stehen durchführen wollen, ist es besser, sich vorzustellen, daß das Licht vom Scheitel her in Ihren Körper eindringt. Erproben Sie beide Varianten.

Eine andere Meditation dieser Art scheint sehr ähnlich zu sein; sie fühlt sich aber anders an.

Lichtkörper

Legen Sie sich hin, entspannen Sie sich, konzentrieren Sie sich wieder auf Ihre Zehen. Diesmal strömt aber kein imaginäres Licht in Ihren Körper, sondern Sie selbst *bringen* in Ihrer Vorstellung *die Zehen zum Leuchten.*

Wenn Ihnen das lächerlich vorkommt, brauchen

Sie es ja niemandem zu erzählen. Sie stellen sich also vor, bis Sie es wirklich erleben, daß Ihre Zehen ein helles, strahlendes Licht aussenden. Sobald dies für Sie deutlich spürbar ist, dehnen Sie das Licht weiter auf Ihre Füße und weiter auf Ihren Körper aus. Sollten Sie aber merken, daß dabei die Intensität des Lichts abnimmt, dann beschränken Sie es lieber auf einen engeren Bereich.

Es kann gut sein, daß es Ihnen nicht in einer Sitzung (oder Liegung) gelingt, Ihren gesamten Körper als strahlend zu erleben. In diesem Fall brechen Sie ab, wann Sie es für richtig halten und nehmen die Meditation am nächsten Tag wieder auf. Mit wachsender Übung wird es immer leichter, und irgendwann werden Sie Ihren Körper deutlich als »Lichtkörper« spüren – eine eindrucksvolle Erfahrung.

Im Gegensatz zur vorherigen Meditation mit den goldenen Licht lädt diese stärker energetisch auf. Wenn Sie sie regelmäßig jeden Morgen durchführen, wird ihre positive Wirkung den ganzen Tag lang anhalten.

Wege bahnen

Während Sie mit solchen Übungen arbeiten, werden Sie nicht nur einen Zuwachs an Energie erleben, sondern auch ein geschärftes Gefühl für diese Energie bekommen. Sie werden wahrscheinlich Ungleichgewichte in Ihrem Körper bemerken: Manche Regionen scheinen zu wenig, andere zu viel davon zu haben.

Schon die bewußte Wahrnehmung solcher Konstellationen setzt Prozesse in Gang, die in Richtung auf einen Ausgleich streben. Sie können hier aber durch

Meditationen nachhelfen, in denen Energie gezielt gelenkt wird.

Viele davon arbeiten mit Atem und Imagination.

Springbrunnen

Stellen Sie sich breitbeinig hin, lassen Sie die Hände seitlich herabhängen. Nun stellen Sie sich vor, Sie würden bei jedem Einatmen durch die Füße Wasser in Ihren Körper ziehen und es hochsteigen lassen. Mit dem Ende der Einatmung sollte es den höchsten Punkt Ihres Kopfes erreicht haben. Beim Ausatmen imaginieren Sie, wie es dort austritt und sich über Ihren Körper ergießt wie der Strahl eines Springbrunnens.

Die Vorstellung des steigenden Wassers mobilisiert die Körperenergie, wie Sie nach einiger Zeit deutlich spüren werden: die Meditation belebt. Der gleiche Effekt ist sogar dadurch zu erzielen, daß man nur seine Aufmerksamkeit wandern läßt.

Großer Kreislauf

Stehen Sie wie vorher. Konzentrieren Sie sich eine Zeitlang auf Ihre Fußsohlen. Lassen Sie dann mit dem Einatmen Ihre Aufmerksamkeit an der Rückseite Ihres Körpers hinaufwandern, und zwar so schnell, daß sie beim Ende des Einatmens am höchsten Punkt des Kopfes angekommen ist.

Bis hierher hat dies große Ähnlichkeit mit der vorigen Meditation. Jetzt geht es aber anders weiter: Mit Beginn der Ausatmung lassen Sie Ihre Aufmerksamkeit *an der Vorderseite* des Körpers wieder hinabgleiten, sodaß sie nach dem Autatmen in den

Fußsohlen ankommt. Der Kreislauf ist geschlossen und kann von neuem beginnen.

Vielleicht fällt es Ihnen anfangs nicht ganz leicht, die Bewegung der Aufmerksamkeit wirklich kontinuierlich zu gestalten; sie könnte sozusagen etwas »ruckeln«. Das ist eine Sache der Übung.

Diese Meditation läßt sich auch im Liegen durchführen. Wichtig ist nur, daß der Körper gerade ist. Versuchen Sie es einmal morgens vor dem Aufstehen.

Kleiner Kreislauf

Hierbei können Sie auch sitzen, am besten auf dem Boden. Sie fangen nämlich am tiefsten Punkt der Wirbelsäule an, am Steißbein. Ansonsten ist die Prozedur ähnlich wie beim *Großen Kreislauf*.

Konzentrieren Sie sich also auf das untere Ende der Wirbelsäule, versuchen Sie es genau zu erspüren. Dann lassen Sie mit dem Einatmen die Aufmerksamkeit entlang Ihrer Wirbelsäule hochwandern, dann weiter am Hinterkopf bis zum höchsten Punkt des Kopfes. Danach geht es wieder an der Vorderseite des Rumpfes abwärts bis zum Steißbein. Und so weiter, im Rhythmus des Atmens.

Dies ist einer der Fälle, wo die Sitzhaltung am Boden einen echten Vorteil bietet. Dabei ist nämlich der unterste Punkt des Kreislaufs wirklich unten, nahe am Boden. Dadurch wird es Ihnen leichter fallen, den Kreislauf als geschlossen zu erleben.

Sollte es Ihnen Mühe machen, die Aufmerksamkeit willentlich zu verlagern, so können Sie auch mit der Vorstellung von Wasser oder von Licht arbeiten. Dies sind ohnehin nur Hilfsmittel; nach einiger Zeit werden Sie nämlich immer deutlicher fühlen, wie

Energie im Körper fließt – durch Ihre Gedanken hervorgerufen und gelenkt. Dann können Sie dazu übergehen, einfach reine Energie auf- und absteigen zu lassen.

Umschlagplätze für Energie

Mit dem Wort »Energie« wird in spirituellen Kreisen manchmal ziemliches Schindluder getrieben: Man verwendet es für alles und jedes, wenn man zu faul ist, genau zu sagen, was man meint. Wer aber mit den hier beschriebenen Meditationen arbeitet, wird schnell merken, daß er um den Begriff nicht herumkommt. Was zunächst wie ein Allerweltswort oder ein theoretisches Konzept erschien, wird dabei immer mehr zur konkreten, spürbaren Realität.

Tatsächlich haben alle traditionellen medizinischen Systeme eine universelle Lebensenergie angenommen und ihr die verschiedensten Namen gegeben, etwa *Chi* (chinesisch), *Ki* (japanisch), *Prana* (indisch). Und sie hatten immer auch sehr genaue Vorstellungen davon, wie diese Energie im Körper fließt und was sie dabei bewirkt.

Wie realistisch diese Modelle sind, zeigt das Beispiel der Akupunktur. Als diese Behandlungsform und die ihr zugrundeliegende Theorie im Westen bekannt wurden, waren viele geneigt, sie schlicht für ein Hirngespinst zu halten. Die unbezweifelbaren Erfolge der Akupunktur haben ihr aber dann doch Respekt verschafft; inzwischen gibt es sogar moderne wissenschaftliche Erklärungen für ihre Wirksamkeit.

Mit so komplizierten Dingen wie »Meridianen« und »Akupunkturpunkten« werden Sie in der Meditation nicht konfrontiert sein. Eine andere Vorstellung werden Sie

aber bald bestätigen können: das indische Konzept der
»Chakras«.

Darunter werden Punkte im Körper verstanden, an denen »feinstoffliche« Energie in physische umgewandelt
wird. Sie sind also so etwas wie energetische Umschlag-
plätze, Knotenpunkte, von denen aus Energie durch den
Körper zirkuliert. Hellsichtige Menschen können Chakras
als Wirbel drehender Energie wahrnehmen. Daher kommt
auch der Name: Chakra heißt auf Sanskrit »Rad«.

Es existieren verschiedene traditionelle Theorien über
Lage und Funktion der Chakras, die nicht völlig miteinander übereinstimmen. Im Westen hat sich die einfachste
davon durchgesetzt, nämlich die Vorstellung von sieben
senkrecht übereinanderliegenden Chakras.

Da in diesem Buch die Praxis im Vordergrund steht,
empfehle ich erst einmal eine Meditation, bevor ich mehr
über die Theorie sage.

Reise durch die Chakras

Setzen Sie sich am besten auf den Boden, sonst auf
einen Stuhl. Die Wirbelsäule sollte möglichst gerade
und senkrecht sein. Schließen Sie die Augen.

Konzentrieren Sie sich auf das untere Ende der
Wirbelsäule. Fühlen Sie, wie sich Ihre Lebensenergie
dort sammelt. Wenn es Ihnen leichter fällt, können
Sie sie als Wasser oder auch als Licht visualisieren.

Nach einer Weile lassen Sie mit dem Einatmen
die Energie Ihre Wirbelsäule hochsteigen, an einen
Punkt in Höhe der Genitalien, wo sie sich wieder
sammelt. Spüren Sie dem Gefühl nach, das die
Energie dort auslöst. Weiter geht es auf die gleiche
Weise in Höhe des Solarplexus, des Herzens, des
Kehlkopfes. Danach sammeln Sie die Aufmerksamkeit in der Mitte über den Augenbrauen; zuletzt am
höchsten Punkt des Kopfes. Von dort aus lassen Sie

die Energie in Ihren Körper fließen, bis Sie ihn vollständig erfüllt. Stehen Sie danach nicht zu bald auf, sondern ruhen Sie noch eine Weile aus, wobei Sie Ihren Atem beobachten.

Machen Sie sich nicht zuviel Sorgen um die genaue Lage der Konzentrationspunkte. Es geht hier nicht um Anatomie, sondern um den Energiekörper.

Falls Sie nicht mitgezählt haben: Es waren sieben Stationen. Dies sind die sieben Chakras, von denen in der modernen westlichen Esoterik so oft die Rede ist.

Haben Sie beim Verweilen auf den einzelnen Stationen ganz spezifische, vielleicht heftige Gefühle und Körperempfindungen gehabt? Haben sich Ihr Puls und Ihre Atmung verändert? Das wäre kein Grund zur Beunruhigung. Es zeigt Ihnen vielmehr, daß die Chakras tatsächlich zentrale Punkte sind. Sich auf sie zu konzentrieren löst starke Wirkungen aus.

Diese Wirkung läßt sich noch verstärken, wenn man jedes Chakra mit einer bestimmten Farbe in Verbindung bringt. Wieder liegen die theoretischen Verhältnisse nicht ganz so einfach, wie viele Autoren uns glauben machen wollen. Verschiedene traditionelle Syteme nehmen unterschiedliche Farben an. Hellsichtige Menschen, die Chakras wahrnehmen können, sehen sie farbig – aber nicht jede Person sieht die gleichen Farben.

Im Westen hat sich ein einfaches und auch praktikables System durchgesetzt: der »umgekehrte Regenbogen«. Er sieht im einzelnen so aus:

1. Chakra (Steißbein): Rot
2. Chakra (Genitalien): Orange
3. Chakra (Solarplexus): Gelb
4. Chakra (Herz): Grün
5. Chakra (Kehlkopf): Blau

6. Chakra (in der Mitte über den Augenbrauen, »Drittes Auge«): Fliederfarben
7. Chakra (Scheitel): Violett

In der Natur liegt Violett unten, dieser Regenbogen steht also auf dem Kopf.

Chakrafarben

Beginnen Sie wie bei der vorigen Meditation. Schließen Sie die Augen, konzentrieren Sie sich auf die Basis Ihrer Wirbelsäule. Stellen Sie sich vor, dieses Chakra beginne nun ein intensives rotes Licht auszustrahlen. Es breitet sich immer mehr aus, bis schließlich Ihr gesamtes inneres Gesichtsfeld einheitlich rot ist. Verweilen Sie bei dieser Vorstellung. Lassen Sie dann das Licht sich langsam wieder in das Chakra zurückziehen und schwächer werden.

Nun ziehen Sie mit dem Einatmen die Energie ins nächste Chakra an der Wirbelsäule in Höhe der Genitalien. Lassen Sie dort orangefarbenes Licht entstehen, sich ausbreiten, das innere Gesichtsfeld ausfüllen, sich zurückziehen, schwächer werden ...

Nach dem gleichen Muster gehen Sie alle Chakras mit der korrespondierenden Farbe hinauf bis zum Scheitelchakra. Es leuchtet violett. Nach dem Ausbreiten und Zurückziehen verwandeln Sie das violette langsam in strahlend weißes Licht. Dann stellen Sie sich vor, wie sich das weiße Licht von oben in Ihren Körper ergießt und ihn ganz ausfüllt. Bleiben Sie eine Weile bei dieser Vorstellung, und lassen Sie dann das Licht schwächer werden.

Falls Ihnen die Meditation zu intensiv ist oder zu lange dauert, können Sie als Kurzversion auch nur die Farben visualisieren. Dabei ist die Vorstellung eines Springbrunnens hilfreich, der die jeweilige

Farbe in ein Becken ergießt und sie dann wieder ein-
saugt.

Stellen Sie sich jede Farbe möglichst intensiv und
leuchtend vor. Auch sollten Sie sich die Regenbo-
genfarben gut einprägen, bevor Sie mit der Meditation beginnen. Sonst könnten Sie mittendrin ins
Grübeln kommen: Was kam als nächstes? Richtig:
Grün – und schon ist es in Ihrer Vorstellung. Mit
der Zeit wird dieser Ablauf allerdings automatisch.

In traditionellen Lehren werden jedem einzelnen Chakra
bestimmte psychische Funktionen zugeordnet. Sie fangen
mit dem Grundlegenden an und schreiten allmählich
zum »Höheren«, das heißt Umfassenderen fort. Alle Chakras zusammen bilden dann eine aufsteigende Hierarchie
von Themen, mit denen sich jeder Mensch auf dem Weg
zur Vollkommenheit nacheinander auseinandersetzen
muß.

So sieht diese Stufenleiter im einzelnen aus:

1. Chakra (Steißbein): Überleben
2. Chakra (Genitalien): Sexualität, Schöpferkraft
3. Chakra (Solarplexus): Macht, Durchsetzungsfähigkeit
4. Chakra (Herz): Mitgefühl, Liebe
5. Chakra (Kehlkopf): Kommunikation, Mitteilungsfähig-
   keit
6. Chakra (»Drittes Auge«): Intuition, Hellsichtigkeit
7. Chakra (Scheitel): Verbindung zu höheren Wirklichkei-
   ten, Erleuchtung

Ist eines dieser Zentren blockiert, so kann auch die Entwicklung nicht weiter fortschreiten. Wer also zum Beispiel
mit seinem Streben nach Macht (3. Chakra) nicht im reinen ist, kann sich noch so sehr um die Erleuchtung
(7. Chakra) bemühen – er wird immer wieder Machtpro-

bleme bekommen. Überspringen der Chakras nutzlos, könnte man auch sagen.

Verstehen Sie, warum ich erst jetzt mit der Theorie herausrücke? Diese Lehre ist so stimmig und einleuchtend, daß man leicht in Versuchung kommen kann, sie über die eigene Erfahrung zu stellen.

Wenn Sie die beiden Meditationen schon ausgeführt haben, so vergleichen Sie einmal Ihr eigenes Empfinden bei der Konzentration auf ein bestimmtes Chakra mit der »offiziellen« Aussage. Wahrscheinlich werden Sie Übereinstimmungen feststellen. Aber wenn nicht, so hat die Theorie Pech gehabt – Faktum ist immer das, was Sie am eigenen Leibe spüren.

Auf jeden Fall wirken Chakra-Meditationen stark auf das Energiesystem. Man sollte sie also nie leichtfertig und unkonzentriert betreiben. Vermeiden Sie es auch, sich nur auf ein bestimmtes Chakra zu konzentrieren; das führt zu Ungleichgewichten. Gehen Sie immer alle Chakras in geordneter Folge durch und bringen Sie die Übung zu einem befriedigenden Abschluß.

Wenn Sie mit Energie-Arbeit noch nicht vertraut sind, ist es am besten, zunächst mit den am Anfang des Kapitels beschriebenen Meditationen zu beginnen, bevor Sie sich den Chakras zuwenden. Auch sie aktivieren die gleichen Kanäle, aber in einer unspezifischeren und sanfteren Weise.

Daß das indische Chakra-System nicht das einzig mögliche und wirksame ist, zeigt die folgende Meditation aus der Tradition des westlichen Okkultismus. Ihr Name – wörtlich *Die mittlere Säule* – leitet sich vom »Lebensbaum« der Kabbalisten ab, einer symbolischen Darstellung der zehn Grundkräfte des Universums, die in der Lehre der Kabbala angenommen werden; dies näher zu erläutern würde den Rahmen des Buches gewaltig sprengen. Da die Übung besonders durch einen englischen Orden, *The*

Order of the Golden Dawn, bekannt wurde, bleibe ich bei der englischen Bezeichnung.

Auch diese Meditation arbeitet mit Energiezentren, zugeordneten Farben und der Atmung – allerdings auf andere Weise. Lassen Sie sich vom scheinbaren Gegensatz der Methoden nicht irritieren; betrachten Sie sie zunächst einfach als zwei verschiedene Ansätze, die beide zu Ergebnissen führen.

Middle Pillar

Stellen Sie sich aufrecht hin, die Füße ziemlich eng aneinander. Bringen Sie Ihre Atmung in einen *Zwei-Vier-Rhythmus*, der auf Seite 59 schon einmal beschrieben wurde. Zur Erinnerung: Sie zählen ungefähr im Sekundentakt, atmen vier Schläge lang ein, halten die Luft zwei Schläge lang an, atmen vier Schläge lang aus, halten die Luft zwei Schläge lang an, atmen wieder vier Schläge lang ein, und immer so weiter. Nehmen Sie sich Zeit, bis Sie diesen Rhythmus leicht und regelmäßig durchhalten.

Nun visualisieren Sie *über* Ihrem Kopf eine Kugel aus strahlend weißem Licht. Warten Sie, bis Sie sie genau vor Ihrem inneren Auge sehen, und verharren Sie eine Weile. Lassen Sie dann das imaginäre Licht in Ihre Halsregion wandern und dort eine weitere leuchtende Kugel bilden. Die Kugel über Ihrem Kopf sollte aber in Ihrer Vorstellung weiterbestehen! Das Licht wandert hinunter in Ihren Bauchraum und formt eine leuchtende Kugel; wiederum bleiben die beiden Kugeln darüber bestehen. Das Licht wandert weiter in Ihre Genitalregion, weiter zu Ihren Füßen. Zum Schluß leuchten in Ihrer Vorstellung fünf strahlend weiße Kugeln gleichzeitig in Ihrem Energiekörper.

Das Schwierigste dabei ist, sich auf mehr als eine

Kugel zu konzentrieren. Aber es hat ja keine Eile. Wandern Sie in Ihrer Vorstellung so lange auf und ab, bis Sie alle gleich gut sehen und empfinden.

Nun stellen Sie einen geschlossenen Kreislauf her: Lassen Sie mit der nächsten Ausatmung weißes Licht von Ihrem Kopf an der linken Körperseite herab zu Ihren Füßen gleiten. Dies können Sie sich vorstellen wie die Bewegung, die der Lichtstrahl eines Suchscheinwerfers macht.

Da Sie immer noch im Zwei-Vier-Rhythmus atmen (hoffentlich haben Sie das nicht vergessen), verweilt der Lichtstrahl zwei Schläge lang bei Ihren Füßen, um dann mit der nächsten Einatmung an der rechten Körperseite hoch zu Ihrem Kopf zu gleiten. Wiederholen Sie dies fünf- bis zehnmal.

Dann lassen Sie den Lichtstrahl einen Weg anderen Weg nehmen: Bei der Ausatmung gleitet er an der Vorderseite Ihres Körpers herab, beim Einatmen an der Rückseite des Körpers hinauf. Auch das wiederholen Sie fünf- bis zehnmal.

Gemessen an der komplizierten Erklärung ist die Meditation erstaunlich einfach. Besonders, wenn Sie die Imaginationsübungen im vorigen Kapitel durchgeführt haben, werden Sie sie bald beherrschen.

Komplizierter wird es, wenn nun – wie bei der Chakra-Meditation – den leuchtenden Zentren verschiedene Farben zugeordnet werden. Das heißt: Sie stellen sich vor, die Kugeln leuchten in verschiedenen Farben, und zwar nach folgendem Schema:

Über dem Kopf: Weiß
Hals: Fliederfarben
Bauch: Rot
Genitalien: Blau
Füße: Rostbraun

Dies gleichzeitig zu visualisieren ist dann schon eine Übung für Fortgeschrittene. Sie sollten also unbedingt einige Zeit mit der Vorstellung von weißem Licht üben, bevor Sie sich an die »Color-Version« machen.

Vielleicht irritiert Sie die Tatsache, daß zwei ziemlich ähnliche Meditationen mit so verschiedenen Farbzuordnungen arbeiten. Welche Farben sind denn nun richtig? Darüber kann man lange Diskussionen führen – und doch zu keinem Ergebnis kommen, weil sich kein Kriterium finden läßt, nach dem die Frage zu entscheiden wäre.

In der persönlichen Praxis stellt der Widerspruch keine Probleme: Sie probieren beide Meditationen aus und entscheiden sich dann für die, die Ihnen mehr zusagt. *Daß* Sie sich entscheiden müssen, ist allerdings schon klar; andernfalls würde in Ihrem Inneren ziemliche Konfusion entstehen.

Sowohl die Chakra-Meditation wie *Middle Pillar* haben tiefgreifende Wirkungen und nehmen in dem System, dem sie jeweils entstammen, eine zentrale Rolle ein. Wenn Sie mit einer dieser Meditationen intensiver weiterarbeiten wollen, sollten Sie die weiterführende Literatur zu Rate ziehen, die im Anhang angeführt ist (speziell Titel 18, 1 und 2).

Die Aura

Im zweiten Teil der letzten Meditation ist uns zum ersten Mal eine Maßnahme begegnet, die sich auf die Außenseite des Körpers bezieht. Damit wird das berührt, was in der esoterischen Tradition die Aura genannt wird.

Für gewöhnlich wird sie als ein »Energiefeld, das den Körper umgibt« beschrieben. Genauer wäre es aber, zu sagen, daß das menschliche Energiefeld einfach nicht an den Grenzen des physischen Körpers endet, sondern über ihn hinausreicht. Hellsichtige Menschen waren immer schon imstande, die Aura als Lichtschein zu sehen; viele können daraus auch Rückschlüsse auf den körperlichen und seelischen Zustand eines Menschen ziehen. Mit Hilfe der sogenannten »Kirlianphotographie« ist es neuerdings sogar möglich, dieses Feld photographisch festzuhalten (das heißt eigentlich seine Wechselwirkungen mit künstlich erzeugten Hochfrequenzfeldern).

Eine helle, große Aura läßt auf psychische Kraft und gute Gesundheit schließen. Umgekehrt beschützt sie diesen Zustand aber auch: Ein starkes Energiefeld läßt negative äußere Einflüsse nicht wirksam werden, es ist so etwas wie ein psychisches Immunsystem.

Im zweiten Teil von *Middle Pillar* haben wir etwas kennengelernt, was im okkulten Sprachgebrauch das »Versiegeln der Aura« genannt wird. Das innere Licht, das am Körper entlangstreicht, stärkt die äußeren Grenzen des Energiekörpers. Eine andere Methode wirkt mehr von innen heraus.

Die Aura weiten

Stellen Sie sich aufrecht hin, schließen Sie die Augen, und atmen Sie tief. Nun stellen Sie sich vor, wie beim Einatmen strahlend weißes Licht über den Scheitel in Ihren Körper strömt. Lassen Sie das Licht Ihren ganzen Körper ausfüllen, und warten Sie, bis Sie es deutlich spüren.

Dehnen Sie dann bei jeder Einatmung Ihren Lichtkörper ein wenig aus, indem sie ihm noch mehr Licht zuführen; bei der Ausatmung lassen Sie ihn so bestehen, wie er ist. Der Vorgang hat Ähnlichkeit mit dem Aufblasen eines Ballons.

Gehen Sie aber langsam vor, und achten Sie darauf, daß dabei das Licht in Ihrem Inneren nicht schwächer wird. Fahren Sie mit dieser Ausweitung so lange fort, wie es mühelos geht. Dann lassen Sie den Lichtkörper »stehen« und genießen eine Weile das Gefühl, ein großes, strahlendes Energiefeld zu haben.

Diese Meditation eignet sich hervorragend als Sofortmaßnahme, wann immer sie den Eindruck haben, sie könnten durch Gedanken und Gefühle von nicht ganz liebevollen Menschen in Mitleidenschaft gezogen werden (mehr zu dem Thema im Kapitel 15). Darüber hinaus hilft sie gegen physische Ansteckung – beispielsweise in Zeiten einer Grippeepidemie.

Sonne im Bauch

Hier arbeiten Sie nicht nur mit Licht ganz allgemein, sondern mit der großen Lichtquelle des Planetensystems persönlich: der Sonne.

Visualisieren Sie die Sonne, wie sie kurz vor Sonnenuntergang über dem Horizont steht: riesengroß und feurig rot. Nun stellen Sie sich vor, wie Sie die Sonne durch die Kraft Ihres Willens über den Scheitel in Ihren Körper ziehen. Dort wandert sie hinab in Ihren Bauch, wo sie so lange bleibt, wie es Ihnen angenehm ist. Spüren Sie die Wärme, die sich vom Bauch aus in Ihrem ganzen Körper ausbreitet.

Ideal auch für Menschen, denen alles »auf den Magen schlägt« und die daher Verdauungsprobleme haben.

Fünf Sonnen

Eine Variation des Themas: Nach dem Eintreten in den Körper wird die Sonne zu fünf kleinen Sonnen. Eine davon wandert in den Bauch, die anderen in die Hände und Füße.

Wie bei *Middle Pillar* erfordert es einige Übung, die Sonnen gleichzeitig und gleichwertig zu sehen und zu spüren. Wenn Ihnen dies aber gelingt, werden Sie eine beträchtliches Ansteigen Ihres Energiepegels erleben, das sogar eine wundersam anmutende Nebenwirkung hat: Sie können auf diese Weise erstaunlich niedrige Temperaturen ohne Kälteschutz ertragen. Diese Meditation hat schon Leute vor dem Erfrieren gerettet.

Die vielleicht subtilste und verblüffendste Meditation zur Harmonisierung und Stärkung der Aura setzt gar nicht am Körper an, sondern *außerhalb davon*.

Unendliche Spirale

Stellen Sie sich aufrecht hin, schließen Sie die Augen, konzentrieren Sie sich auf Ihre Atmung. Visualisieren Sie eine Energiebahn, die links von Ihrem linken Fuß beginnend gegen den Uhrzeigersinn spiralförmig ansteigt, dabei Ihren Körper umhüllt und sich über Ihrem Kopf in der gleichen Weise fortsetzt, bis sie sich im Raum verliert. Anders ausgedrückt: Sie stehen in einer unendlichen, senkrecht ansteigenden Spirale.

Verlegen Sie beim Beginn der Einatmung Ihre Aufmerksamkeit an den Punkt links von Ihrem linken Fuß und folgen Sie der Spirale aufwärts; am Ende der Einatmung sollte Ihre Aufmerksamkeit ge-

rade in Kopfhöhe angelangt sein. Bei der Ausatmung folgen Sie der Spirale weiter aufwärts, so
weit, wie es Ihnen möglich ist. Beim nächsten Einatmen fangen Sie wieder von unten an. Wichtig ist die
Vorstellung, daß diese Spiralbahn immer besteht
und Sie nur mit Ihrer Aufmerksamkeit auf ihr nach
oben wandern.

Wieder einmal klingt dies viel komplizierter, als
es ist.

Reinigung

Je mehr Sie sich mit den subtilen Energien Ihres Systems
befassen, desto besser werden Sie auch seine Unausgegli-
chenheit wahrnehmen. Manchmal fließt die Energie nicht
so, wie wir sie lenken wollen. Wir spüren »Widerstands-
nester«, Blockaden, Spannungen, »Sand im Getriebe«.

Computerbenutzer kennen das unangenehme Phänomen der »Programmleichen«. Das sind Teile von alten Pro-
grammen, die man längst entfernt zu haben glaubte, die
aber immer noch in den Tiefen der Festplatte ihr Unwesen
treiben, Störungen verursachen, den Betrieb aufhalten. Sie
aufzuspüren und zu beseitigen erfordert viel Arbeit.

Ähnlich – wenn auch organischer – kann man sich das
im menschlichen Energiekreislauf vorstellen. Manche Pro-
gramme liegen da vielleicht schon seit der frühen Kindheit
herum. Andere können sich vor kurzem angesammelt
haben: nicht befriedigte Wünsche, nicht verwirklichte Absichten, nicht aufgelöste Konflikte und vieles mehr.

Wenn Sie das Gefühl haben, zu stark von ungeklärten
Resten und »negativen Energien« belastet zu sein, können
Meditationen Abhilfe schaffen, die speziell der inneren
Reinigung dienen.

Die violette Flamme

Stellen Sie sich aufrecht hin. Machen Sie ein paar tiefe Atemzüge. Lassen Sie vor Ihrem geistigen Auge das Bild einer violetten Flamme entstehen, die hell und intensiv brennt, ohne Hitze oder Rauch zu erzeugen.

Lassen Sie nun zwei derartige Flammen durch Ihre Fußsohlen eintreten und langsam Ihren Körper hinaufsteigen. Auf Ihrem Weg brennen sie alle negativen Energien weg. Sie verschmelzen im Becken zu einer breiten Flamme, steigen den Rumpf hoch, teilen sich am Hals, gehen die Arme herab und wieder hoch, steigen den Kopf hinauf und verlassen Ihren Körper an seiner höchsten Stelle.

Gehen Sie dabei langsam genug vor, damit die Flammen Zeit haben, wirklich alle Negativität, die in Ihrem Körper steckt, zu transformieren.

Reinigung durch die Elemente

Bei dieser Meditation nehmen Sie gleich alle vier Elemente zur Hilfe, was etwas mehr Zeit beansprucht.

Erde: Sitzen Sie auf dem Boden. Atmen Sie durch die Nase ein und aus. Stellen Sie sich vor, wie Sie bei jeder Ausatmung verbrauchte Energie aus Ihrem Körper in den Boden atmen und bei jeder Einatmung frische Energie aus der Erde ziehen.

Wasser: Nach einer Weile gehen Sie dazu über, durch die Nase ein- und durch den Mund auszuatmen. Lassen Sie vor Ihrem inneren Auge einen Wasserfall entstehen, hören Sie das Geräusch, das er macht. Treten Sie nun unter den Wasserfall: Er durchdringt Ihren Körper, reinigt Sie mit seinem klaren Wasser von allen negativen Energien. Spüren Sie das körperlich.

Feuer: Nach einiger Zeit atmen Sie durch den Mund ein und durch die Nase aus. Entzünden Sie in Ihrer Vorstellung ein Feuer in Ihrem Herzen, das Sie bei jeder Einatmung weiter anfachen (scharf einatmen). Das Feuer breitet sich immer weiter in Ihrem Körper aus und brennt alle Negativität weg.

Luft: Zuletzt atmen Sie durch den Mund ein und aus. Fühlen Sie dabei, wie Luft durch Ihren gesamten Körper streicht und alle verbliebenen Reste negativer Energie fortbläst.

Sie sind durch die Kraft der Elemente gereinigt.

Reinigung durch den Atem

Wenn Sie für die »Generalreinigung« mit Hilfe der Elemente keine Zeit haben, können Sie sie durch folgende Meditation wenigstens teilweise ersetzen:

Atmen Sie ruhig und langsam durch die Nase. Stellen Sie sich vor, wie Sie beim Ausatmen verbrauchte und negative Energie abgeben und beim Einatmen Ihrem Körper frische, saubere Energie zuführen.

Nach so viel Energiearbeit nun zum Abschluß eine Meditation, bei der Sie ganz bestimmt »ihre Mitte finden« werden.

Wasser und Licht

Stellen Sie sich aufrecht und breitbeinig hin, und schließen Sie die Augen. Machen Sie einige tiefe Atemzüge.

Stellen Sie sich vor, aus Ihren Fußsohlen würden Wurzeln in die Erde wachsen. Mit jedem Ausatmen treiben Sie die Wurzeln weiter voran. Wenn Sie tief genug sind, ziehen Sie beim Einatmen durch die Wurzeln Wasser bis in Ihren Bauchraum. Beim Ausatmen geben Sie das Wasser wieder an die Erde zurück.

Nachdem Sie das eine Weile gemacht haben, heben Sie die Hände über den Kopf. Ziehen Sie beim Einatmen über Ihre Hände Licht aus dem Himmel in Ihren Körper, wieder bis in den Bauch. Beim Ausatmen lassen Sie das Licht wieder in den Himmel strahlen.

Zum Schluß machen Sie beides gleichzeitig: Beim Einatmen strömt Wasser durch die Wurzeln und Licht durch die Hände in Ihren Bauch, beim Ausatmen geben Sie das Wasser an die Erde und das Licht an den Himmel zurück.

Kapitel 12

Im Reich der Seele

Körperbewußtsein, Einheit von Seele und Körper – in der modernen Psychologie wie in der modernen Esoterik sind das beinahe schon selbstverständliche Werte.

Traditionelle spirituelle Schulen waren nicht immer der Meinung. Oft haben sie davor gewarnt, sich allzusehr mit dem Körper zu identifizieren. Viele ihrer Praktiken dienten gerade dazu, die »Verhaftung« an alles Körperliche zu überwinden, wenn nicht sogar »die Sinne abzutöten«. Es überrascht also nicht, daß eine Reihe meditativer Techniken das Ziel haben, die Verbindung von Körper und Seele eher zu lockern als zu festigen.

Um die soll es in diesem Kapitel gehen. Wer Meditation ohnehin für »Eskapismus« hält, wird hier endlich auf seine Kosten kommen.

Die eingesetzten Mittel kennen wir schon gut: gezielte Aufmerksamkeit und Imagination. Freilich sind die Imaginationen, die Sie im folgenden kennenlernen werden, um einiges phantastischer als die bisher beschriebenen – was aber ihrer Wirksamkeit keinen Abbruch tut.

Wie gewohnt beschreibe ich erst die Praxis, damit Sie am eigenen Leib erfahren können, wovon ich rede.

Nicht von dieser Welt

Porenatmung

Legen Sie sich hin, schließen Sie die Augen, atmen Sie tief. Beobachten Sie eine Weile Ihre Atmung.

Nun führen Sie ein durchaus irreales Element ein: Sie stellen sich vor, Sie würden nicht durch Mund und Nase, sondern *durch alle Poren Ihrer Haut* atmen. Obwohl das nicht wahr ist, können Sie es sich mit Hilfe Ihrer inneren Sinne glaubhaft und anschaulich machen.

Spüren Sie deutlich, wie die Luft beim Einatmen von überall her durch jede Pore Ihrer Haut dringt und beim Ausatmen auf dem gleichen Wege entweicht. Arbeiten Sie lange und geduldig an dieser Empfindung, lassen Sie keinen Quadratzentimeter der Haut aus.

Nach einiger Zeit werden Sie merken, daß Sie nicht mehr genau sagen können, wo Ihr Körper aufhört. Die Grenzen zwischen ihm und der umgebenden Luft verschwimmen.

Diese Erfahrung können Sie gleich in der nächsten Meditation nutzbringend anwenden.

Stratosphäre

Legen Sie sich hin, schließen Sie die Augen, atmen Sie tief.

Stellen Sie sich vor, wie Ihr Körper langsam zu schweben beginnt. Steigen Sie durch das Dach auf – imaginativ ist das ein Kinderspiel –, sehen Sie unter sich Ihr Haus und die umgebende Landschaft kleiner werden.

Höher, immer höher steigen Sie, bis Sie schließlich in der Stratosphäre angelangt sind. Hier erfassen die *jet streams* Sie, jene gewaltigen, schnellen Luftströmungen, die dort oben ständig mit großer Macht toben.

Unter dem Anprall der Luftmassen lösen Sie sich auf. Ihr Körper verliert seine Begrenzung, wird in alle Winde verweht. Genießen Sie, so lange Sie wollen, das Gefühl, völlig der Erdenschwere enthoben zu sein, frei und ohne Widerstand mit den gewaltigen Winden zu treiben.

Wenn Sie genug davon haben, sammeln Sie durch einen Akt des Willens Ihren Körper wieder zu seiner gewohnten, kompakten Form zusammen. Lassen Sie sich langsam wieder zur Erde niedersinken, und kehren Sie in Ihr Zimmer zurück.

Energie ade

Legen Sie sich hin, schließen Sie die Augen, entspannen Sie sich.

Konzentrieren Sie sich auf Ihre Zehen und Finger. Dann ziehen Sie langsam alle Energie aus den Extremitäten ab. Sie wandert die Füße hinauf in den Rumpf, die Arme hinauf in die Schultern. Wichtig ist, daß Sie die Energie nicht einfach fließen lassen, sondern sie *abziehen*; die betreffenden Körperteile bleiben ohne Energie zurück.

Aus dem Rumpf steigt die Energie höher in die Schultern, von dort immer höher in den Kopf, bis sie an seinem höchsten Punkt angelangt ist. Nun entlassen Sie alle Energie in den Kosmos, das große Reservoir jenseits Ihrer Sinne und Vorstellungen. Ihr Körper bleibt ohne Energie zurück, unfähig zu fühlen und zu denken.

Um die Meditation zu beenden, kehren Sie den Vorgang um: Alle Energie strömt über das Scheitelzentrum in den Körper zurück und füllt ihn bis in den letzten Winkel aus.

Das Gesicht verlieren

Stellen Sie sich vor, Sie hätten kein Gesicht.

Ganz strikt betrachtet, entspricht das Ihrer subjektiven Wirklichkeit. Sie wissen natürlich, daß Sie ein Gesicht haben, Sie können es auch ertasten. Aber wenn Sie nicht gerade vor einem Spiegel stehen, können Sie es nicht *sehen*.

Stellen Sie sich also vor, alles sei so, wie Sie es sehen: Da, wo Sie Ihr Gesicht vermuten, ist in Wirklichkeit eine Öffnung, durch die Sie in die Welt blicken.

Das ist gewiß ein surreales, höchst ungewohntes Gefühl. Aber der schnellste Weg zur »Ego-Losigkeit«, den ich kenne.

Verständlich: Unser Kopf ist gleichsam der Regierungssitz unseres Bewußtseins. Wenn er plötzlich nicht mehr ist als ein Guckloch, was bleibt da noch von uns? Probieren Sie es aus.

Es kommt noch merkwürdiger.

Verschwinden

Stellen Sie sich vor, Sie seien überhaupt nicht mehr da. Die Welt besteht weiter, alles ist an seinem gewohnten Platz und geht seinen gewohnten Gang, nur Sie sind aus ihr verschwunden.

Allzu lange werden Sie das nicht durchhalten

können. Aber selbst für kurze Zeit ist diese Art der »Weltsicht« eine unvergeßliche Erfahrung.

Spätestens hier werden Sie nach dem Sinn dieser Übungen fragen. Wozu soll es gut sein, seine Grenzen zu verwischen, seine Energie abzuziehen, sich aufzulösen oder gar ganz aus der Welt zu verschwinden?

Alle diese »entgrenzenden« Meditationen haben eine ausgesprochen belebende Wirkung. Aus ihnen kehrt man gelöst, erfrischt und voller Energie zurück.

Aus traditioneller Sicht ist dies keineswegs erstaunlich. Wir haben uns heute angewöhnt, den Ursprung der Lebensenergie im Körperlichen zu sehen, sie als Produkt unseres Stoffwechsels zu betrachten. Für Menschen früherer Zeiten war es selbstverständlich, daß die Kraft, die unseren Körper »beseelt«, nicht aus materiellen Bereichen stammt.

Wenn sich also die Seele ein wenig vom Körper löst, so taucht sie nach dieser Sicht in ein großes »feinstoffliches« Energiereservoir ein und tankt dort gewissermaßen auf. Dies gilt dann auch als der wahre Grund, warum wir nach dem Schlaf erfrischt aufwachen.

Auch tagsüber ist die zeitweilige Befreiung von der gewohnten Körperwahrnehmung mit diesem Zuwachs an Energie verbunden.

Zuflucht im Herzen

Stellen Sie sich vor, der Sitz Ihres Bewußtseins sei das Herz. Das heißt, Sie *konzentrieren* sich nicht einfach auf Ihr Herz, Ihr Bewußtsein *wohnt* vielmehr dort, wie es sonst im Kopf residiert. Es muß sich anfühlen, als ob Sie dort selbst zu Hause sind.

Erwarten Sie nicht, daß sich dieses Gefühl schnell und mühelos einstellt. Lassen Sie sich Zeit, arbeiten

Sie geduldig, aber nicht verbissen daran. Erst wenn Ihnen der innere Umzug vom Kopf in das Herz wirklich gelungen ist, sollten Sie fortfahren.

Erklären Sie nun Ihr Herz zur persönlichen Schutzzone, zum heiligen Raum. Hier hat niemand anderer Zugang als Sie. Auch Ihre Verpflichtungen, Sorgen, Gedanken und Wünsche müssen draußen bleiben. Und – sehr wichtig – Ihre inneren Erzieher und Gouvernanten, die Ihnen ständig sagen, was Sie tun und lassen sollten, haben hier überhaupt nichts zu suchen.

Es wird also sehr ruhig im Herzen. Tun Sie nichts weiter, als diese Ruhe zu genießen.

Wenn Sie ein visueller Mensch sind, werden Sie ganz von selbst diesen Raum vor Ihrem inneren Auge sehen. Andernfalls können Sie gezielt ein Bild von ihm entwickeln. Das macht es Ihnen leichter, ihn immer wieder aufzusuchen. Tun Sie das regelmäßig, so kann es zu einer wichtigen Quelle der Kraft für Sie werden. Es kann Ihnen helfen, zur Ruhe zu kommen, Prioritäten zu setzen, bei anstehenden Entscheidungen Klarheit zu erlangen.

Das heißt nicht, daß Sie während der Meditation über etwas grübeln sollen – die Ruhe des Herzens wird ihre Wirkung ganz von selbst entfalten.

Sollte Ihnen der Weg zum Herzen noch verbaut sein, so gibt es eine Meditation, die recht ähnlich vorgeht, ohne daß Sie dabei Ihren Kopf entmachten müssen.

Mein Ort der Kraft

Denken Sie sich einen Ort, an dem Sie sich so wohl fühlen, wie es überhaupt möglich ist – der ideale Platz schlechthin. Vielleicht können Sie auf eine

Erinnerung zurückgreifen. Wenn nicht, benutzen Sie Ihre Imagination.

Malen Sie sich Ihren Ort mit allen inneren Sinnen so anschaulich wie möglich aus. Lassen Sie sich Zeit, ihn genau kennenzulernen. Fühlen Sie die Ruhe und die Kraft, die Sie dort gewinnen können: Das ist der Sinn der Übung.

Sehen Sie Ihren »Kraftplatz« anschaulich und detailliert vor sich, fühlen Sie ihn mit allen Sinnen, aber akzeptieren Sie, daß er sich durchaus mit der Zeit verändern kann – so wie Sie sich verändern.

Auch hier sollte niemand anderer als Sie Zugang haben. Bleiben Sie in Ihrer Vorstellung dort immer allein, und erzählen Sie im »wirklichen« Leben niemandem, wie es an diesem Ort aussieht.

Der Zustand, den diese Rückzugs-Meditationen auslösen, wird in einem Bewußtseinstraining (*Hemi-Synch, siehe Seite 156*) so beschrieben, daß »der Körper schläft, während der Geist wach bleibt«. Sie können dies als Zeit der intensiven Ruhe erleben – oder als Ausgangspunkt für weitere Unternehmungen nehmen.

Seelenreisen

Eigentlich sind wir im Reich der Seele zu Hause. Durch unsere Fixierung auf äußere Vorgänge vergessen wir das allerdings immer wieder. Deshalb fühlen sich Zeiten der Konzentration auf das Innenleben oft wie Ausflüge in ein fremdes Land an, wie eine Expedition, eine Entdeckungsreise.

Dieser Charakter wird bei den folgenden Meditationen im Vordergrund stehen. Sie sind freier, kreativer, vielfältiger als die oft strengen, konzentrativen Übungen, die einen großen Teil des bisherigen Buches ausgemacht haben.

Start 1: Bindu

Bindu ist der indische Name für einen energetisch wichtigen Punkt mitten im Kopf. Er sitzt genau zwischen den Ohren, ist also nicht mit dem »Dritten Auge«, dem sechsten Chakra zu verwechseln (siehe Seite 115).

Setzen Sie sich in Ihrer gewohnten Meditationshaltung hin, schließen Sie die Augen, und beobachten Sie eine Zeitlang Ihren Atem. Konzentrieren Sie sich dann auf den Bindu-Punkt. Machen Sie sich dabei keine Gedanken um die Anatomie; Sie müssen den Punkt nur fühlen.

Versammeln Sie Ihr ganzes Bewußtsein in diesem einen Punkt. Wenn Ihnen das gelungen ist, stellen Sie sich vor, er sei das Tor zur Anderen Welt, und gehen Sie durch ihn hindurch. Sie sind jetzt im Reich der Seele und vergessen Ihren physischen Körper.

Um wieder zurückzukehren, müssen Sie wieder das »Tor« aufsuchen. Konzentrieren Sie sich auf den Bindu-Punkt, und gehen Sie rückwärts in Ihren Körper zurück.

Start 2: Über den Fluß

Legen Sie sich hin, konzentrieren Sie sich auf Ihre Atmung, und kommen Sie zur Ruhe.

Begeben Sie sich an Ihren inneren Ort der Kraft (siehe Seite 133). Vielleicht haben Sie sich dort schon ein Haus eingerichtet.

Falls nicht, holen Sie das jetzt nach. Malen Sie sich in Ihrer Imagination einen Raum aus, in dem jedes Teil genau so ist, wie Sie wollen, und in dem Sie sich so wohl fühlen, wie es nur geht. Dort sollte auch eine Liege sein.

Betten Sie sich darauf (physisch liegen Sie ohnehin). Dann stehen Sie in Ihrer Imagination auf und gehen zur Tür des Raumes. Fühlen Sie die Türklinke deutlich in Ihrer Hand.

Draußen hüllt Nebel Sie ein, aber kein gewöhnlicher, grauer, sondern bunter, vielfarbiger Nebel. Sie gehen durch ihn hindurch und kommen auf eine Wiese, die zu einem Fluß hin abfällt. Über diesen führt eine kleine Brücke.

Gehen Sie auf die Brücke, und sehen Sie hinunter in das fließende Wasser des Flusses. Dann begeben Sie sich auf das andere Ufer. Die Reise kann beginnen.

Aber wohin? Hier beginnt nun das weite Gebiet der »geführten« oder »gelenkten« Meditationen, die in unzähligen Variationen in Büchern beschrieben, auf Kassetten angeboten und in Workshops durchgeführt werden.

Im Prinzip ist dabei das Vorgehen immer gleich: Der »Führer« gibt einen gewissen Rahmen vor, den der Meditierende mit Hilfe seiner Imagination ausfüllt. Er ist also aktiver als bei anderen Methoden und auch kreativer. Allerdings wird sich das keineswegs immer so anfühlen.

»Stellen Sie sich einen See vor«, sagt etwa der Gruppenleiter oder die Stimme vom Band oder der Buchtext. Sie führen die Anweisung aus, aber im gleichen Augenblick, wo Ihnen das gelingt und der See vor Ihrem inneren Auge im Sonnenlicht funkelt, werden Sie nicht mehr das Gefühl haben, etwas *getan* oder *erschaffen* zu haben. Der See wird sozusagen aussehen, wie *er* will.

Obwohl diese Form der Meditation auch »aktive Imagination« genannt wird, werden Sie bei ihr oft den Eindruck haben, bereits bestehende Orte aufzusuchen und dort Wesen zu treffen, die schon existiert haben, bevor Sie ihnen begegnet sind.

Versuchen wir es mit einer inneren Reise, die wahrscheinlich die beliebteste und am häufigsten durchgeführte
Übung dieser Art ist.

Zum Gipfel der Weisheit

Entscheiden Sie sich für eine der beiden eben geschilderten Startverfahren.

Nachdem Sie sicher in der Anderen Welt angekommen sind, finden Sie sich auf einer Wiese wieder. Vor Ihnen erhebt sich ein Berg, auf den ein
deutlich erkennbarer Weg führt. Diesen gehen Sie
nun bergan.

Betrachten Sie Ihre Umgebung genau, versuchen
Sie, sich alles einzuprägen. Beobachten Sie, wie sich
mit wachsender Höhe die Vegetation verändert und
der Blick immer weiter wird. Schließlich stehen Sie
knapp unterhalb des Gipfels, und eine atemberau-
bende Aussicht eröffnet sich Ihnen.

Im Felsen direkt vor Ihnen ist eine Höhle zu erkennen. Sie wissen, daß darin ein überaus alter, wei-
ser Mensch wohnt. Nun wollen Sie die Gelegenheit
nutzen, um Antwort auf eine Frage zu erhalten, die
Sie beschäftigt oder beunruhigt.

Machen Sie sich also bemerkbar. Sehen Sie die
Person aus der Höhle treten. Wie die Person aussieht, ob sie ein Mann oder eine Frau ist, all das
wird sich herausstellen. Sie lassen es geschehen und
registrieren es nur, ohne es zu beurteilen.

Nur erklären Sie Ihr Anliegen und tragen Ihre
Frage vor. Erbitten Sie eine Antwort, fordern Sie sie
nicht, als ob sie Ihnen zustünde. Erwarten Sie auch
nicht unbedingt eine Mitteilung in sprachlicher
Form. Vielleicht kommuniziert der oder die Weise
wortlos mit Ihnen, von Herz zu Herz.

Bevor Sie gehen, bitten Sie Ihren Ratgeber, Ihnen

ein Geschenk mit auf den Weg zu geben. Das kann ein Gegenstand sein, ein Bild, ein Lied, ein Symbol ... Auch Sie machen ein Gegengeschenk zum Dank für die Beratung. Dann gehen Sie den Berg hinunter und denken über das Erlebte nach.

Schließen Sie die Reise genauso ab, wie Sie sie begonnen haben.

Verständlich, daß sich diese Form der Seelenreise so großer Beliebtheit erfreut. Wer in dieser verwirrenden Welt sehnt sich nicht gelegentlich nach einem weisen Berater? Die Frage ist nur, ob man ihn mit Hilfe dieser Technik auch wirklich findet.

Ob man dabei nur sein eigenes Unbewußtes befragt, einen unpersönlichen »Ozean des Wissens« anzapft oder sogar mit selbständigen Geistwesen in Verbindung tritt – darüber gehen die Meinungen weit auseinander. Sie müssen allerdings die Frage nicht theoretisch gelöst haben, um sich der Methode zu bedienen.

Betrachten Sie einfach die Antworten, die Sie da vom Gipfel des Berges heimtragen. Was lösen sie bei Ihnen aus? Gewinnen Sie dadurch neue Erkenntnisse? Werden Sie fähig, ein Problem ganz neu zu betrachten? Sind Sie sich einer Sache mit einem Mal sicher? Auf solche Vorgänge sollten Sie achten.

Tiefgreifende Antworten haben oft etwas Rätselhaftes, sind keineswegs immer eindeutig und schnell zu verstehen – insofern ähneln sie Orakelsprüchen. Allzu offensichtliche Feststellungen hingegen, deutliche Wertungen oder klare Anweisungen sind mit Vorsicht zu genießen. Hier liegt der Verdacht nahe, daß Sie sich nur auf indirektem Wege erzählen, was Sie gerne hören wollen. Wenn Sie dann noch Ihrem imaginären Führer die Verantwortung für alles aufbürden – »mein Geistführer hat gesagt!« – können Sie sich in ernsthafte Schwierigkeiten bringen (siehe auch Kapitel 15).

Sollten Sie bemerken, daß Sie wegen immer banalerer Probleme immer öfter den Weg auf den Berg antreten, dann bleiben Sie erst einmal für längere Zeit im Tal. Gehen Sie dort der Frage nach, warum Sie Angst davor haben, Entscheidungen allein zu treffen und Verantwortung zu übernehmen.

Seelenreisen werden zu den schönsten und aufregendsten Orten unternommen – zum Beispiel auf den Meeresgrund, zu klaren Quellen und in tiefe Wälder, in den Krater des Vulkans – und können den verschiedensten Zwecken dienen – etwa der Aufklärung, der Heilung, dem Kontakt mit höheren Ebenen … Obwohl sie einen beträchtlichen Unterhaltungswert haben, sollte man sie nicht als folgenlose Zerstreuung betrachten. Für die Seele sind die Erlebnisse in diesen Meditationen real; schließlich findet jedes Erleben letztlich in der Seele statt.

Deswegen kann allzu planloses oder ausgiebiges Reisen auch innere Verwirrung erzeugen. Man verliert sich dann in den inneren Erscheinungen wie vorher in den äußeren, löst eine Vielzahl von Prozessen aus, die sich vielleicht gegenseitig in die Quere kommen.

Ich möchte jedenfalls hier das Land der ungebundenen Fantasy-Abenteuer verlassen und abschließend einige innerseelische Handlungen vorstellen, die ein ganz bestimmtes Ziel haben.

Vergeben

Wer unter euch ohne Groll ist, der überblättere diesen Abschnitt. Die meisten Leser haben aber wohl keine Mühe, an einen Menschen zu denken, dem sie gerade böse sind. Dahinter kann eine alte offene Rechnung stehen oder ein ganz aktueller Anlaß.

Stellen Sie sich Ihren augenblicklichen Lieblingsfeind so deutlich wie möglich vor. Versuchen Sie, ihn oder sie konkret vor sich zu sehen und seine oder ihre Ausstrahlung zu spüren.

Nun imaginieren Sie, wie Ihrem Feind etwas außerordentlich Erfreuliches geschieht. Sparen Sie nicht mit Details, übertreiben Sie: Dieser Mensch erlebt den glücklichsten Tag seines Lebens. Verweilen Sie lange bei dieser Vorstellung, freuen Sie sich mit ihm oder ihr.

Das ist kein Akt der selbstlosen Nächstenliebe. Sie tun sich selbst einen großen Gefallen. Sie lösen Giftstoffe in Ihrem Inneren auf, die Ihnen bisher das Leben vergällt haben.

Die Zeit formen

Setzen Sie sich am Morgen in Ihrer bevorzugten Meditationshaltung hin, lösen Sie Ihr Bewußtsein weitgehend vom Körper.

Stellen Sie sich nun den Zeitraum des vor Ihnen liegenden Tages als Lineal vor. Sehen Sie genau die Striche, die einzelne Stunden markieren.

Dieses Lineal ist aber aus einem plastischen Material. Sie können es beinahe unbegrenzt dehnen oder komprimieren.

Haben Sie an diesem Tag viel zu erledigen, dann dehnen Sie das Lineal so weit, daß Sie kaum noch die Begrenzungen sehen können. Wollen Sie hingegen, daß der Tag bald vorbeigeht, so schieben Sie das Lineal auf handliche Größe zusammen.

Ganz gleich, was Ihre Armbanduhr dazu sagt – Sie werden erstaunt sein, wie flexibel und disponierbar Zeit sein kann. Belassen Sie es nicht bei *einem* Versuch, wenn Sie entscheiden wollen, ob dies eine geeignete Methode für Sie ist.

Tagesrückblick

Rufen Sie sich, bevor Sie einschlafen, die Ereignisse des Tages in Erinnerung, aber *in umgekehrter Reihenfolge.*

Sie beginnen also mit dem Ereignis, das gerade eben stattgefunden hat, und gehen dann immer weiter zurück, bis Sie beim Morgen angelangt sind.

Lassen Sie sich dabei nicht von den Geschehnissen, die Sie da erinnern, in den Bann ziehen. Fangen Sie nicht an, über einzelne Vorfälle nachzudenken oder sie zu bewerten. Betrachten Sie alles mit Sorgfalt und Gleichmut.

Die Umkehrung der Reihenfolge ist eine seelische Leistung, die zunächst ziemliche innere Anstrengung erfordert. Auf ihr beruht aber wohl auch die Wirkung dieser Meditation: Sie löst die Verwicklungen des Tages wieder auf, ähnlich wie Penelope, die Gattin des Odysseus, dies jeden Abend mit ihrem Wandteppich tat.

Check Out

Nach der letzten Meditation werden Sie erst einmal für die Nacht im Reich der Seele bleiben.

Sonst aber sollten Sie die Rückkehr in die grobstoffliche Welt immer mit großer Sorgfalt vornehmen.

Verabschieden Sie sich von Wesen, die Sie auf ihrer Reise getroffen haben, bedanken Sie sich für Wohltaten, die Ihnen widerfahren sind, und entschuldigen Sie sich für eigene Achtlosigkeiten. Gehen Sie Wege, die Sie seelisch gegangen sind, immer zurück. Verlassen Sie das Reich der Seele auf die gleiche Art, wie Sie es betreten haben.

Sehen Sie sich nach Ihrer Rückkehr die Welt, in der Sie einen Körper haben, genau an. Sie sollte eigentlich besser aussehen als vorher.

Kapitel 13

Ruhe in der Bewegung

Entgegen einer weitverbreiteten Ansicht muß man bei der Meditation nicht unbedingt ruhig sitzen, liegen oder stehen.

Man kann auch in tiefster Ruhe sein, während man sich bewegt. Freilich muß die Bewegung kontrolliert sein, und sie muß selbst zum Gegenstand der Aufmerksamkeit gemacht werden.

Die Einfachheit selbst

Kopfwiegen

Setzen Sie sich auf einen bequemen Stuhl, und achten Sie darauf, daß Ihre Fußsohlen flach und parallel zueinander auf dem Boden ruhen. Schauen Sie geradeaus, ohne etwas Bestimmtes zu fixieren.

Nun beginnen Sie, langsam den Kopf nach der einen Seite zu neigen, dann nach der anderen. Im Gleichtakt heben Sie ganz leicht den Fuß jener Seite, nach der sich der Kopf gerade neigt, lassen dabei aber die Ferse am Boden. Achten Sie darauf, daß die Bewegungen kontinuierlich und mühelos verlaufen.

Das mag Ihnen allzu simpel und ein wenig albern vorkommen. Fahren Sie in diesem Fall mit der Bewegung fort, und warten Sie, bis der Eindruck vorbei ist.

Gerade, weil diese Übung so einfach ist, eignet sie sich besonders gut dazu, mit dem Gefühl von

Ruhe-in-der-Bewegung zu experimentieren. Nach einiger Zeit könnten Sie vergessen, daß Sie sich überhaupt bewegen.

Schreiten

Stellen Sie sich aufrecht hin, atmen Sie tief, und konzentrieren Sie sich einige Zeit auf Ihre Körpermitte. Dann ballen Sie die linke Hand zur Faust, legen den Daumen neben die Finger und die Hand auf das Brustbein. Die rechte Hand legen Sie über die linke.

Mit dem Beginn einer Ausatmung setzen Sie Ihre linke Ferse etwa zehn Zentimeter vor sich auf den Boden und verlagern langsam das Gewicht von der Ferse zum Fußballen. Gleichzeitig rollen Sie den rechten Fuß ab, so daß am Ende des Ausatmens nur noch der rechte Ballen auf dem Boden ruht. Mit dem Einatmen ziehen Sie den rechten Fuß allmählich nach vorne, und mit dem nächsten Ausatmen beginnt der beschriebene Ablauf spiegelbildlich von neuem.

All dies sollte sehr langsam geschehen. Es dauert eine Weile, bis die Bewegungen gleichmäßig und fließend werden. Auch kann es sein, daß Sie anfangs Mühe haben, das Gleichgewicht zu halten. Widerstehen Sie der Versuchung, dem durch schnelleres Schreiten abzuhelfen; konzentrieren Sie sich statt dessen auf Ihren Atem und auf die Empfindungen Ihres Körpers bei der Bewegung.

Diese Praxis stammt aus dem Zen-Buddhismus. Sie braucht einigen Platz. Ein Innenhof wie in einem japanischen Kloster ist dafür ideal.

Auch die nächste Bewegungsmeditation blickt auf eine lange Tradition zurück. Sie wurde besonders in einigen Orden der Sufis, der Mystiker des Islam, weitergegeben, die als »wirbelnde Dervische« bekannt geworden sind.

Wirbeln

Die Beschreibung könnte nicht einfacher sein: Drehen Sie sich schnell auf der Stelle.

Leicht ist dies allerdings nicht. Sie müssen schon einige Dinge beachten, damit Ihnen nicht in kürzester Zeit schwindlig wird:

Sie sollten nicht kurz vorher viel gegessen haben. Drehen Sie sich gegen den Uhrzeigersinn. Beim Wirbeln selbst halten Sie die rechte Hand nach oben mit der Handfläche nach außen und lassen die linke Hand locker herabhängen. Drehen Sie zunächst langsam, und steigern Sie das Tempo allmählich. Blicken Sie von Anfang an auf den rechten Handrücken, wobei Sie allerdings nicht zu genau fokussieren sollten.

All dies hilft Ihnen, das Gleichgewicht zu halten. Nach einiger Zeit werden Sie zum Mittelpunkt des Universums und haben gar nicht mehr das Gefühl, sich zu drehen; die Welt dreht sich um Sie! Das erklärt, warum man diese Meditation so lange durchhalten kann, wenn man sie erst einmal beherrscht. Obwohl Sie schnell rotieren, haben Sie doch selbst den Eindruck von absoluter Ruhe. So soll es, sagt man, im Zentrum eines Zyklons sein.

Beim Aufhören rütteln dann die normalen Bewegungsgesetze wieder mächtig an Ihnen. Hier haben Sie zwei Möglichkeiten: Entweder versuchen Sie gar nicht erst, das Gleichgewicht zu halten, und legen sich gleich auf den Boden. Oder Sie stabilisieren

sich dadurch, daß sie sich auf Ihre Körpermitte konzentrieren und kräftig in den Bauch hineinatmen.

Tai Chi

Wohl kaum etwas vermittelt den Eindruck von Ruhe-in-
der-Bewegung so eindrucksvoll wie diese alte chinesische
Kunst. Es handelt sich hierbei um eine Folge von ineinander übergehenden Bewegungen, die ursprünglich für den
unbewaffneten Kampf entwickelt wurden und im Prinzip
immer noch dafür geeignet sind. Das würde man bei der
Betrachtung eines Menschen, der Tai Chi übt, allerdings
nicht vermuten: Alles geht sehr langsam, sanft und
fließend vor sich, der Übende ist immer in Bewegung und
immer im Gleichgewicht. Tai Chi erinnert an das Spiel von
Wolken, die ständig ihre Form verändern. Deshalb ist
auch die Bezeichnung »Schattenboxen«, die man manchmal dafür hört, sehr unglücklich gewählt.

Selbst aus gut illustrierten Büchern mit ausführlichen
Erklärungen kann man Tai Chi nicht lernen – dazu
braucht es das konkrete Beispiel eines Lehrers. Um Ihnen
wenigstens einen Eindruck davon zu vermitteln, wie sich
diese faszinierende Kunst anfühlt, beschreibe ich einige
Vorübungen.

Das Chi wecken

Diese Übung wurde schon einmal in Kapitel 4 beschrieben. Sie dient meist zur Einleitung und zum
Abschluß von längeren Formen. Damit Sie nicht
zurückblättern müssen, hier noch einmal die Anweisung:

Stellen Sie sich in der Tai-Chi-Grundhaltung auf:
Beine in Schulterbreite auseinander, Fußsohlen par-

allel, die Knie leicht durchgedrückt. Konzentrieren Sie sich auf Ihre Körpermitte. Nun heben Sie mit dem Einatmen langsam die Arme auf Schulterhöhe, und zwar so, als würden sie an unsichtbaren Fäden hochgezogen, die an den Handgelenken befestigt sind. Die Hände hängen also dabei locker herab (Abbildung 9). Mit dem Ausatmen senken Sie die Arme wieder, aber jetzt so, als ob die Fäden an den Fingern angebracht wären (Abbildung 10).

Die gesamte Bewegung sollte langsam und fließend durchgeführt werden.

Himmel und Erde

Stehen Sie in der Grundhaltung, konzentrieren Sie sich auf Ihre Körpermitte, atmen Sie ruhig und regelmäßig.

Heben Sie mit dem Einatmen die Hände, mit den Handflächen nach oben, vor Ihre Brust. Das sollte beendet sein, wenn Sie voll eingeatmet haben. Mit dem Ausatmen dreht sich die rechte Handfläche nach vorne und oben, die linke nach unten. Dann lassen Sie Ihre linke Hand nach unten sinken, während die rechte im gleichen Tempo nach oben steigt (Abbildung 11). Zuletzt wird sie im Bogen nach unten geführt, bis auch sie neben dem Oberschenkel locker herabhängt. Danach sollte die Ausatmung beendet sein.

Nun wiederholen Sie die ganze Übung, beim Ausatmen allerdings spiegelverkehrt: also linke Hand nach oben, rechte nach unten.

Abb. 9:
Das Chi wecken, Teil 1

Abb. 10:
Das Chi wecken, Teil 2

Um dies langsam durchführen zu können, müssen Sie tief und ruhig atmen. Aber diese Form der Atmung und die Synchronisation von Atem und Bewegungen macht eben die Wirkung von Tai Chi aus.

Den Himmel stützen

Beginnen Sie in der Grundstellung.

Atmen Sie aus, und lassen Sie dabei gleichzeitig den Oberkörper ganz nach vorne sinken. Am Ende dieser Bewegung – und der Ausatmung – drehen Sie die Hände mit den Fingerspitzen zueinander, als hielten Sie einen großen Ball. Nun beginnen Sie einzuatmen und sich dabei aufzurichten, wobei Sie zunächst Ihren imaginären Ball immer noch festhalten. Am Ende der Einatmung gehen die Hände auseinander, Sie stehen aufrecht, die Hände mit den Handflächen nach oben neben den Schultern.

Abb. 11:
Himmel und Erde

Abb. 12:
Den Himmel stützen

Mit dem Ausatmen neigen Sie sich etwas zurück und drücken die Handflächen nach oben, als ob Sie den Himmel von sich weg schieben wollten (Abbildung 12). Dann lassen Sie beide Hände im Halbkreis nach unten sinken. Danach sollten Sie mit dem Ausatmen fertig sein.

Bogenschütze

Stehen Sie breitbeiniger als vorher, die Füße aber parallel zueinander.

Heben Sie mit dem Einatmen die Hände vor die Brust, wobei die Handflächen nach unten zeigen. Atmen Sie aus, drehen Sie dabei den Kopf nach rechts, und strecken Sie gleichzeitig den rechten Arm aus. Sie sehen jetzt aus wie ein Bogenschütze auf einem Pferd (Abbildung 13). Mit dem nächsten

Einatmen ziehen Sie den Arm wieder zurück und drehen den Kopf wieder nach vorne. Mit dem Ausatmen lassen Sie schließlich die Arme sinken.

Nun wiederholen Sie die Übung spiegelverkehrt.

Weberschiffchen

Stehen Sie so breitbeinig wie vorher, den Oberkörper gerade, den Blick nach vorne. Legen Sie die Hände auf die Oberschenkel.

Neigen Sie mit dem Ausatmen den Kopf in einem weiten Bogen nach rechts und dann nach vorne. Am Ende der Ausatmung stehen Sie mit nach vorne geneigtem Oberkörper da. Setzen Sie diese Bewegung ohne Unterbrechung fort, wobei Sie nun einatmen. Am Ende der Einatmung stehen Sie wieder wie zu Beginn. Nun führen Sie die Bewegung spiegelbildlich aus. So können Sie wie ein Weberschiffchen längere Zeit gleichmäßig hin- und hergleiten (Abbildung 14).

Sollten Sie alle beschriebenen Übungen hintereinander durchführen, so schließen Sie jetzt wieder mit *Das Chi wecken* ab.

Wie schon gesagt, handelt es sich hier nur um Kostproben. »Wirkliches« Tai Chi besteht aus langen, komplexen Formen, die zunächst das Gedächtnis des Schülers auf eine harte Probe stellen. Die Wirkung auf Geist und Körper läßt aber diesen Einsatz mehr als lohnend erscheinen.

Meditationen in der Bewegung haben den Reiz, daß sie den Drang nach Aktivität, die Unruhe, die so viele mo-

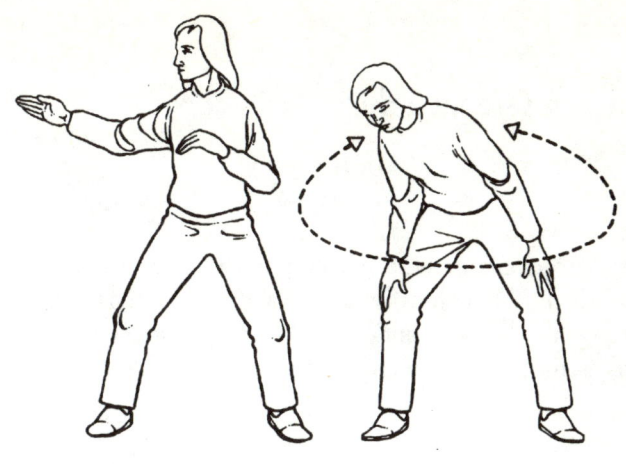

Abb. 13:
Bogenschütze

Abb. 14:
Weberschiffchen

derne Menschen verspüren, aufgreifen und dann doch in
Ruhe transformieren.

Wenn Sie jemand sind, der »nicht stillsitzen kann« – hier
ist die Alternative für Sie.

Kapitel 14

An den Grenzen der Meditation

Zum Abschluß möchte ich nun noch einige Methoden vorstellen, die entweder den Rahmen der Meditation sprengen oder aus anderen Gründen nicht »kurz und praktisch« umgesetzt werden können.

Tantra

Tantra ist eine uralte indische Lehre, ein umfassendes religiöses und philosophisches System. Heute wird mit diesem Namen allerdings oft eine Praxis bezeichnet, die gewisse rituelle Elemente dieser Tradition aufgreift und mit Techniken verbindet, wie sie in modernen Selbsterfahrungsgruppen üblich sind.

Der Schlüssel zum heutigen »Workshop-Tantra« ist – Sex. Allerdings nicht im herkömmlichen Sinn; genauer gesagt wird die sexuelle Erregung dazu benutzt, um Energien zu wecken und dann zu transformieren, anstatt sie auszuleben. Das geschieht mit Mitteln, wie sie auch im vorliegenden Buch beschrieben werden: etwa Atemkontrolle, Visualisierungen, Konzentration auf den Körper.

Daß ich dennoch keine konkreten Übungen beschreibe, hat mehrere Gründe. Einmal bewirkt der Fokus Sexualität, daß man dabei von vornherein mit sehr starken Energien umgeht und auch besonders leicht an tiefsitzende psychische Probleme gerät. Zweitens setzen die Übungen, die ja zumeist Paarübungen sind, eine tiefe und vertrauensvolle Partnerschaft voraus. Mehr noch als in der normalen Sexualität muß man sich auf den anderen einstellen, sich ihm anvertrauen und ausliefern. Deshalb, so meine ich, gehören Tantra-Übungen nicht in ein einführendes Buch.

Ich würde auch nicht empfehlen, sich mit Tantra zu beschäftigen, wenn man gerade mit dem Meditieren begonnen hat. Für Menschen allerdings, die Erfahrung mit Meditation haben und in einer stabilen, harmonischen Beziehung leben, kann es zu einem außerordentlich wertvollen Weg der inneren Entwicklung werden (siehe auch Literaturverzeichnis, Titel 27).

Autogenes Training

Manche Autoren rechnen diese Entspannungs- und Selbstheilungstechnik zur Meditation, andere nicht. Die Frage ist auch nicht leicht zu entscheiden.

Der deutsche Arzt Johannes H. Schulz, der das Autogene Training entwickelt hat, nahm dabei deutliche Anleihen bei meditativen Techniken des Buddhismus und des Yoga. Darüber hinaus enthält aber seine Methode starke suggestive Elemente, die mehr der Hypnose und Autosuggestion zuzurechnen sind.

Wie bei vielen Meditationsformen zieht der Übende zunächst seine Aufmerksamkeit von der Außenwelt ab und konzentriert sich auf seine Atmung und seine Körperempfindungen. Dann jedoch kommen formelhafte Suggestionen zum Einsatz, die eine gewisse Berühmtheit erlangt haben. Etwa: »Rechter Arm wird schwer«, »Herzschlag ruhig und kräftig«, oder »Stirn angenehm kühl« (siehe auch Literaturverzeichnis, Titel 15).

Die Wirksamkeit des Autogenen Trainings steht außer Zweifel, es ist auch bei der Ärzteschaft recht anerkannt – sehr im Gegensatz zu ähnlichen Techniken, deren Nutzen sich schließlich auch nachweisen läßt. Auch wird Autogenes Training von vielen Leuten praktiziert, die ansonsten einen weiten Bogen um alles machen, was als esoterisch verschrien ist; also auch um andere Formen der Meditation.

Silva Mind Control

Auch hierbei handelt es sich um ein System, das meditative Elemente verwendet, aber über Meditation hinausgeht. Es wurde als Bewußtseinstraining von José Silva entwickelt, einem Texaner mexikanischer Abstammung.

Ausgangspunkt ist immer ein Bewußtseinszustand, der als *Alpha* bezeichnet wird, so genannt nach den langsamen Potentialschwankungen, die man vom Gehirn eines entspannten Menschen ableiten kann, den »Alphawellen«. Jeder Schüler muß also erst einmal lernen, »auf Alpha zu gehen«. Der Weg dahin ist leicht nachzuvollziehen und gut als Einzelübung zu praktizieren.

Alpha

Setzen oder legen Sie sich hin, atmen Sie ruhig, und schließen Sie die Augen. Blicken Sie mit geschlossenen Augen nach oben, als ob Sie Ihre Stirn von innen ansehen wollten.

Beginnen Sie nun etwa im Zwei-Sekunden-Takt von hundert bis null zu zählen. Das erfordert zunächst viel Konzentration, aber es hindert auch am Denken und verhilft zu einer sehr tiefen Entspannung.

Mit wachsender Übung können Sie die Zahl, von der aus Sie rückwärts zählen, herabsetzen, zunächst auf achtzig, dann sechzig, und so weiter bis fünf – vorausgesetzt, daß dies die Tiefe der Entspannung nicht reduziert.

Verbleiben Sie so lange in diesem Zustand, wie

Sie wollen. Um wieder das normale Wachbewußtsein zu erlangen, zählen Sie von eins bis fünf und
sagen sich dabei innerlich: »Bei fünf werde ich hell-
wach sein und mich besser als vorher fühlen!«

In der Silva Mind Control sind also, wie im Autogenen
Training, meditative Elemente mit Suggestionen und Hyp-
nosetechniken verbunden. Im weiteren Verlauf der Schulung wird dies noch deutlicher. Dabei üben die Schüler,
immer ausgehend vom *Alpha*-Zustand, die verschiedensten Bewußtseinsleistungen: Erinnern, Visualisieren, das
Programmieren von Träumen, Ferndiagnose von Krank-
heiten, Fernheilung, Hellsehen. So jedenfalls lauten die
Klassenziele ... (siehe auch Literaturverzeichnis, Titel 25).

Bhagwans Dynamische Meditationen

Wohl kaum jemand ist so respektlos mit überlieferten Meditationsformen umgegangen und hat so radikal neue
Techniken entwickelt wie der Inder Rajneesh Chandra
Mohan, lange Zeit bekannt als »Bhagwan Shree Rajneesh«
(1931–1990).

»Bhagwan«, wie er meist genannt wurde, hatte fast nur
Schüler aus dem Westen, und er verstand es meisterhaft,
ihren Bedürfnissen entgegenzukommen. Das zeigte sich
auch bei den von ihm entwickelten *dynamischen* Meditationen.

Der westliche Mensch, so argumentierte er, sei viel zu
unruhig, um vom Stillsitzen wirklich profitieren zu können. Er müsse vielmehr zunächst in das extreme Gegenteil
gehen. Also beginnen viele Meditationen erst einmal mit
einer Phase wilder Aktivität, mit Toben, Schreien, Laufen,
Tanzen, bevor sie schließlich in Stille münden. Ob diese
Stille dann nicht einfach Erschöpfung ist und ob sie mit

der Versenkung anderer Methoden verglichen werden kann, ist freilich Ansichtssache.

Bhagwans Meditationen (etwa die *Dynamische, Kundalini, Nataraj*) erfreuen sich immer noch großer Verbreitung, auch bei Menschen, die sich nicht als seine Anhänger betrachten. Zu allen Formen gibt es die entsprechende Begleitmusik auf Kassetten, die dann auch die zeitliche Strukturierung übernimmt.

Übrigens nannte sich Bhagwan kurz vor seinem Tode »Osho«. Seine Jünger haben dies natürlich sofort übernommen. Sie werden also heute kein »Bhagwan«-Center mehr finden (siehe auch Literaturverzeichnis, Titel 20).

Hemi-Synch

Audio-Kassetten, die sich für die Meditation eignen sollen, werden in großer Zahl angeboten und verkauft. Man kann hier mehrere Arten unterscheiden.

Da ist einmal die »meditative« Musik, die bereits in Kapitel 8 zur Sprache kam. Dann gibt es die geführten Meditationen, wie sie in Kapitel 12 beschrieben wurden. Sie werden praktisch immer mit Musik unterlegt. Eine dritte Gruppe scheint sich beim ersten Anhören nicht von den beiden ersten zu unterscheiden, ist aber doch etwas prinzipiell anderes: Hier wird eine Technik angewendet, die über Klänge sehr gezielt das Geschehen im Gehirn beeinflußt.

Die »Mutter aller Methoden« auf diesem Gebiet ist wohl das *Hemi-Synch*-Verfahren des Amerikaners Robert Monroe. Von Haus aus Radiotechniker, experimentierte Monroe mit akustischen Frequenzen und entdeckte ein seltsames Phänomen: Wenn man einem Menschen über Kopfhörer zwei Töne einspielt, deren Tonhöhe sich rechts und links geringfügig unterscheidet, so wird er diesen Unterschied nicht bemerken. Sein Gehirn reagiert aber darauf: Die Aktivität der beiden Gehirnhälften wird einander ähnlich, die bereits erwähnten Alphawellen treten vermehrt auf – es ist die gleiche *hemisphere synchronisation*, die man auch bei Meditierenden feststellen kann.

Monroe erforschte äußerst sorgfältig und detailliert die Auswirkungen der verschiedensten Frequenz-Konstellationen, was ihm ermöglichte, bestimmte Bewußtseinszustände gezielt »anzusteuern«. Dieses Wissen hat sich in einer großen Anzahl von Kassetten niedergeschlagen, die so ziemlich alles bewirken sollen, was man sich nur vorstellen kann: Entspannung, Wachheit, Verbesserung der Konzentration und Lernfähigkeit, Erinnerung an frühere Leben und vieles mehr.

Verspüren Sie beim Lesen dieser Beschreibung einen gewissen Widerwillen? Wenn ja, so stehen Sie damit nicht allein. Allein die technische Natur des Verfahrens stößt viele Menschen sofort ab.

Das wird noch deutlicher bei einer anderen Technologie, die sogar manchmal ausdrücklich als »Meditation aus der Steckdose« angepriesen wird: den *Mind Machines*.

Mind Machines

Die archetypische Mind Machine besteht aus Kopfhörern und einer abgedunkelten Brille mit Leuchtdioden. Der Benutzer setzt beides auf, schließt die Augen, und es es kann losgehen: Die Leuchtdioden blitzen in einem bestimmten Rhythmus auf, über die Kopfhörer ertönen Impulse der gleichen Frequenz oder eine Audio-Kassette, sehr oft vom Typ Hemi-Synch.

Die Wirkung dieser geballten Stimulation ist durchschlagend. In kürzester Zeit verfällt der *User* in einen Entrückungs- und Trancezustand, den er sonst nur durch sehr lange und intensive Meditation erreichen könnte. Durch Ändern der Farben, Frequenzen und Rhythmen lassen sich die erreichten Zustände verändern; moderne Geräte bieten da reichhaltige Möglichkeiten (siehe auch Literaturverzeichnis, Titel 14).

Ihre Anhänger – und ihre Verkäufer ganz besonders – preisen Mind Machines als Schnellstraße zur Erleuchtung und sagen ihnen Wunderdinge nach. Traditionelle Meditationslehrer raufen sich ob solcher Behauptungen die Haare. Für sie, wie wohl für die meisten spirituell Interessierten, steht fest, daß sowohl Hemi-Synch-Bänder wie auch Mind Machines »natürlich keine Meditation sind«.

Das scheint mir nicht ganz zutreffend. Beide Techniken bewirken ähnliche Zustände wie viele Meditationen. Nur ist diese Wirkung oft sehr heftig und sehr zwingend. In der Meditation ohne technische Hilfsmittel hat das menschliche System jederzeit die Möglichkeit, sich gegen Einflüsse zu wehren, die ihm nicht guttun. Die inneren Vorgänge können sich in Ruhe entfalten, nichts geschieht zur Unzeit. »Techno-Meditation« hingegen kann solche sinnvollen Widerstände übergehen, und zwar um so leichter, je ausgetüftelter sie ist.

Es besteht also hier die Gefahr, daß der Benutzer überrumpelt wird. Oder »zugedröhnt«, wie man in der Drogen-Szene sagen würde.

Kapitel 15

Wirkungen und Nebenwirkungen

Denken Sie einmal kurz daran zurück, wie Sie Meditation definiert hätten, als Sie angefangen haben, dieses Buch zu lesen: Mit ziemlicher Sicherheit werden sich Ihre Vorstellungen verändert und vor allem erweitert haben. Sie verfügen jetzt über mehr Methoden, als Sie in absehbarer Zeit ernsthaft umsetzen könnten; dabei habe ich noch lange nicht alle möglichen Techniken beschrieben.

Nun können Sie im Ernst »auf die Suche nach der wahren Meditation« gehen – nämlich nach der Form, die im Moment für Sie richtig ist. Die bereits in Kapitel 1 angesprochene Testphase kann also beginnen.

Wahrscheinlich haben Sie schon einiges ausprobiert; und sicher werden Sie ein Gefühl dafür entwickelt haben, welchem Bereich Sie sich näher widmen wollen.

Üben Sie zunächst die entsprechende Technik ein, und beobachten Sie gelassen und ohne Erwartungen, was daraufhin geschieht.

Theorie und Praxis

Wissenschaftlich gesehen

Wissenschaftliche Untersuchungen darüber, was Meditation bewirkt, führen zu insgesamt sehr positiven Ergebnissen. Sie decken sich mit den Erfahrungen von Praktikern.

Meditation, so zeigt sich, senkt psychische Spannungen, reduziert Angst, mildert psychosomatische Beschwerden und Abhängigkeit von Drogen. Sie führt zu größerer innerer Ruhe und Sicherheit, besserer Konzentrationsfähigkeit, erhöhter Gedächtnisleistung, größerer Belastbarkeit und verbesserten sozialen Beziehungen.

Allerdings handelt es sich bei solchen Aussagen um die Zusammenfassung von vielen Einzelberichten. Wissenschaftler müssen so vorgehen, um zu allgemeinen Feststellungen zu kommen.

Selbst die eindrucksvollsten Untersuchungen enthalten aber immer einen gewissen Prozentsatz von Personen, auf die der festgestellte Zusammenhang nicht zutrifft. Der einzelne steht dann wieder vor der Frage: Zu welcher Gruppe gehöre ich? An der persönlichen Erfahrung führt also kein Weg vorbei.

Wir können uns die allgemeinen Erfahrungen jedoch zunutze machen, indem wir aus ihnen einen »Idealkatalog der segensreichen Wirkungen« ableiten. Wir fragen dann also: Was kann Meditation *im besten Fall* bewirken?

Entwerfen wir also ein strahlendes Bild.

Positive Veränderungen

Sie sind ruhiger, gelassener, weniger verkrampft.

Sie denken nur über Dinge nach, die zur Entscheidung anstehen, grübeln nicht endlos über versäumte Gelegenheiten in der Vergangenheit und mögliche Bedrohungen in der Zukunft nach. Sie machen sich weniger Sorgen. Sie hängen selten Tagträumen nach.

Sie ärgern sich nicht so oft, sind nicht ständig »genervt«, ertragen auch Bedingungen, die Ihnen unangenehm sind, ohne gleich aus der Fassung zu geraten.

Ihren Mitmenschen gegenüber sind Sie aufgeschlossener. Sie können sich besser in sie einfühlen und leichter auf sie Rücksicht nehmen. Sie haben mehr Geduld mit ihnen. Sie versuchen nicht, ihnen den eigenen Standpunkt aufzuzwingen.

Andererseits sind auch Sie sicherer in Ihrem Urteil und

lassen sich nicht so leicht von anderen unter Druck setzen und beeinflussen.

Sie haben einen klareren Sinn für Prioritäten. Sie konzentrieren sich auf das, was Ihnen wichtig ist, und grämen sich nicht über Dinge, die Sie gerade nicht tun. Dadurch verlieren Sie auch das Gefühl, keine Zeit zu haben.

Sie haben mehr Energie, können länger ohne Ermüdung und Nachlassen der Konzentration arbeiten. Sie brauchen weniger Schlaf.

Sie schlafen tiefer als bisher und sind danach frisch und ausgeruht.

Sie gebrauchen weniger Genuß- und Rauschmittel und werden unabhängiger von Ersatzbefriedigungen aller Art.

Sind sind in guter körperlicher Verfassung, eventuell vorliegende Störungen bessern sich. Ihre Augen sind klarer und leuchtender.

Sie freuen sich des Lebens, und Ihre Mitmenschen sind gerne mit Ihnen zusammen.

Bewährung im Alltag

Zu schön, um wahr zu sein? Im Prinzip nein. Gewiß wäre es unrealistisch, all dies als die *zwangsläufigen* Folgen der Meditation hinzustellen.

Andererseits ist nicht zu bestreiten, daß schon ungezählte Menschen genau diese Wirkungen erfahren haben.

Es gilt also, Ziel und Wirklichkeit sorgfältig auseinanderzuhalten.

Gerade am Anfang der Meditationspraxis leistet uns der »Idealkatalog« einen unschätzbaren Dienst, indem er uns einen Standard an die Hand gibt. Das heißt nicht, daß Sie nun in Zukunft mit einer Checkliste unterm Arm herumlaufen und stets ängstlich beobachten sollen, ob es »schon etwas bringt«. Das wäre ein sicheres Mittel, daß überhaupt nichts geschieht. *A watched pot never boils*, sagen die Engländer: Wasser, das man beobachtet, kocht nie.

Es heißt allerdings, daß Sie von Zeit zu Zeit Ihr Leben betrachten und möglichst nüchtern festzustellen versuchen, ob sich Ihr Alltag verändert hat, seit Sie meditieren. *Irgend etwas* sollte sich schon geändert haben. Wenn nicht: Warum meditieren Sie dann?

Das klingt zwar wie eine Binsenwahrheit; tatsächlich zeigen sich aber erstaunlich viele Menschen unfähig, diesen naheliegenden Schluß zu ziehen. Allzuleicht versteifen sich eifrige Sucher nach kürzester Zeit auf den Standpunkt, die spezielle Form, die sie praktizieren, sei gut für sie, ganz gleich, was konkret mit ihnen geschieht.

Besonders unter dem Einfluß von spirituellen Lehrern (auf den ich noch zu sprechen komme) kann die Methode leicht zur Pflicht, zum Selbstzweck und zum heiligen Glaubensartikel werden. Dann gilt bald jede Änderung der Praxis als Verrat an der wahren Lehre, und nur *eine* Erklärung für mögliche Probleme ist noch erlaubt: Wenn ich Schwierigkeiten habe, dann kann dies nur davon kommen, daß ich nicht lange und ernsthaft genug meditiere. Fazit: Erhöhung der Dosis.

So wird unter Umständen der Grundstein für eine lange Leidensgeschichte gelegt.

Über Risiken und Nebenwirkungen …

Man sollte sich also unbedingt damit vertraut machen, was bei der Meditation alles schiefgehen kann. Auf diese Weise werden Sie ein bestimmtes Problem, falls es denn auftritt, besser erkennen und einordnen können und auch fähig sein, angemessen darauf zu reagieren.

Es folgt nun also sozusagen das Gegenstück zum Idealkatalog.

Nichts passiert

Eine bestimmte Methode bewirkt nichts – gewiß noch das harmloste Problem, aber natürlich störend.

Manche Methoden brauchen einfach Zeit, in der Regel um so mehr, je subtiler und passiver sie sind. In diesen Fällen ist Geduld am Platz. Harren Sie aber nicht tapfer aus, wenn Sie anfangen, sich ernsthaft zu langweilen. »Langeweile ist eine Fehlermeldung der Seele«, schrieb der Kanadier Kurt Leland einmal. Reagieren Sie darauf.

Müdigkeit

Sie werden ohne erkennbaren Grund in kurzer Zeit unglaublich müde, wenn Sie mit einer Meditation beginnen. Das kann zwei Ursachen haben.

Vielleicht würde die Meditation einen verdrängten psychischen Inhalt in Ihr Bewußtsein heben, den Sie noch nicht verarbeiten können. Unbewußt wissen Sie das und blockieren rechtzeitig – auch das also eine Fehlermeldung, sogar mit Abschaltautomatik.

Diesen Vorgang sollte man unbedingt respektieren. Verfallen Sie nie in die Unsitte der gängigen Pop-Psychologie, dies als Widerstand zu bezeichnen und zu bekämpfen. (»Sei nicht immer so zu!«). Ihr Inneres Selbst weiß sehr viel besser als Ihr Verstand, was gut für sie ist. Wenn sich das Phänomen der unerklärlichen Müdigkeit wiederholt, dann wechseln Sie die Methode. Die psychische Wahrheit wird schon zutage kommen, wenn es an der Zeit ist.

Die andere Möglichkeit für unerklärliche Müdigkeit ist, daß Sie mit der Öffnung, die in der Meditation geschieht, plötzlich ein »Loch in der Aura« bekommen und auf diese Weise Energie verlieren. Gegenmaßnahmen werden gleich unter dem Punkt »Durchlässig wie ein Sieb« behandelt.

Absaufen

Sie erreichen sehr schnell einen Zustand tiefer Versenkung oder sogar Trance und haben dann Mühe, daraus wieder aufzutauchen.

Zunächst sollten Sie die Praxis, die diese Wirkung hat, abbrechen oder wenigstens die Meditationszeit verkürzen.

Wenn das allein nicht hilft, so sind alle Übungen hilfreich, die energetisch aufladen. Beispiele in diesem Buch wären: *Sonne im Bauch* (Seite 122), *Zwei-Vier-Atmung* (Seite 59), *Feueratem* (Seite 47).

Vergessen Sie auch nicht ganz normale Aktivitäten, die Sie für gewöhnlich auf Trab bringen; vielleicht Sport, Tanzen oder sogar ein *Jump-and-Run*-Spiel auf Ihrem Computer.

Zuviel Energie

Sie sind vielleicht zu sensibel für eine bestimmte intensive Methode, oder Sie haben es aus spirituellem Ehrgeiz übertrieben und werden nun die Energie, die Sie gerufen haben, nicht mehr los. Das kann sich als Unruhe, als Empfindung der elektrischen Ladung oder auch der Hitze äußern. Manchmal fließt die Energie unkontrolliert, manchmal staut sie sich an bestimmten Stellen. Kopfschmerzen und Übelkeit können dazukommen.

Brechen Sie die Übung ab, klinken Sie sich aus dem Alltag aus, wie Sie es bei einer normalen Krankheit machen würden, und beobachten Sie, was weiter geschieht. Oft klingen die Phänomene ab, wenn man sie in Ruhe läßt.

Unterstützend können Sie versuchen, die Energie abzuleiten. Lassen Sie kaltes Wasser über die Hände oder den ganzen Körper laufen, und visualisieren Sie dabei, wie das Wasser die überschüssige Kraft aufnimmt und wegträgt. Oder Sie stellen sich aufrecht hin und imaginieren, wie die Energie durch Ihre Fußsohlen in den Boden abfließt.

Auch gewöhnlichere Notbremsen helfen. Wie es die amerikanische Gruppenleiterin Christina Grof ausdrückt: »Alles, was die Kirche nicht leiden kann – Süßigkeiten, Alkohol, Sex«. Diese Dinge sind nicht ganz zufällig als unspirituell verschrien. Sie reduzieren das allgemeine Energieniveau eines Menschen. Im speziellen Fall ist dieser Effekt erwünscht (siehe auch Literaturverzeichnis, Titel 13).

Mit welchen Mitteln auch immer, greifen Sie nicht zu schnell und drastisch ein. Das gilt auch für Mitmenschen, die hilfreich sein wollen.

Bemühen Sie sich auch um vermehrten Kontakt mit der materiellen Welt (siehe unten).

Paranormale Fähigkeiten

Parapsychologen sagen es schon seit langem: Sogenannte übersinnliche Fähigkeiten schlummern bis zu einem gewissen Grad in jedem Menschen. Daß Meditation auch dieses Potential freisetzen kann, ist also kein Wunder.

Sie können dann vielleicht plötzlich die Gedanken Ihrer Mitmenschen lesen, ahnen zukünftige Ereignisse voraus oder wissen etwas, was Ihnen niemand gesagt hat. Wie Sie darauf reagieren, wird natürlich sehr von Ihrer allgemeinen Einstellung zu diesem Thema abhängen. Die Skala kann von »Großartig!« bis »Hilfe, ich werde verrückt!« reichen.

Meine Empfehlung: Nehmen Sie es nicht zu wichtig. Kein Grund zur Panik, aber auch kein Grund, sich nun für etwas Besonderes zu halten. Fangen Sie nicht an, allen Leuten von Ihren außergewöhnlichen Fähigkeiten zu erzählen. Betrachten Sie die Sache mit der gleichen gelassenen Aufmerksamkeit, mit der Sie sonst Ihren Atem oder Ihre Gedanken beobachten.

Das gilt noch viel mehr für den nächsten Punkt.

Visionen und Eingebungen

Sie sehen plötzlich unglaubliche Dinge oder erhalten (ungebetenen!) Besuch von imponierenden astralen Gestalten, die Ihnen gewichtige Botschaften mitzuteilen haben.

Solche Phänomene werden neuerdings als »Channeling« bezeichnet und können hier nicht ausdiskutiert werden. Manchmal wird auf diesem Wege hochinteressantes Material übermittelt; dem steht aber eine große Zahl von »Channels« gegenüber, die mit enormem Sendungsbewußtsein hochgradige Banalitäten und Verrücktheiten verbreiten.

Falls es Sie erwischt: Lassen Sie sich nicht zu sehr von den aufregenden Aspekten der Übermittlung beeindrucken. Fühlen Sie sich nicht gleich geschmeichelt, daß Sie zum Überbringer höherer Weisheit auserkoren wurden. Wer weiß, mit wem Sie da Bekanntschaft geschlossen haben? Geister sind auch nur Menschen.

Achten Sie auf das Verhalten der »Wesenheit« oder »Quelle«. Macht sie sich wichtig? Spielt sie sich auf? Versucht sie zu imponieren oder Sie einzuschüchtern? Oder schmeichelt sie Ihnen? Vor allem: Will sie den Kontakt mit Ihnen unter allen Umständen aufrechterhalten? Will sie etwas von Ihnen? Wirkliche Meister haben das nicht nötig. Der Brunnen läuft nicht hinter dem Durstigen her, wie ein arabisches Sprichwort sagt.

Betrachten Sie die Mitteilungen selbst. Beurteilen Sie sie wie irgendeinen beliebigen Text: Hielten Sie ihn auch für interessant, wenn er von einem gewöhnlichen Autor käme? Wenn ja, können Sie die Botschaften auf Band sprechen oder nach der Meditation notieren und später in Ruhe verarbeiten.

Und wechseln Sie gelegentlich die Meditationsform, um zu sehen, was daraufhin geschieht. Vielleicht sind Sie dann wieder allein, was auch seine Vorteile hat.

Außerkörperliche Erfahrungen

Manchmal löst sich das Bewußtsein eines Menschen von seinem Körper. Er hat dann das Gefühl, an einem anderen Ort als sein Körper zu sein und kann ihn oft sogar von außen wahrnehmen. Dies tritt gelegentlich auch in der Meditation auf.

Der Vorgang klingt unglaublich für jemanden, der noch nie davon gehört und es selbst nicht erlebt hat. Viele Menschen haben aber inzwischen wohl von Außerkörperlichen Zuständen gehört, nur leider im Zusammenhang mit »Nahtodeserfahrungen«. Erleben sie nun in der Meditation etwas ähnliches, so befürchten sie, sie seien im Begriff, sich für immer von ihrem Körper zu verabschieden.

Dazu besteht kein Anlaß. Sie können den Zustand dadurch beenden, daß Sie einem Teil Ihres Körpers, zum Beispiel der großen Zehe, befehlen, sich zu bewegen. Dadurch wird Ihr Bewußtsein zurück in Ihren Körper gezogen; Sie sind wieder aus einem Guß.

Durchlässig wie ein Sieb

Sie haben sich in der Meditation stärker geöffnet, als es ihnen guttut; sei es, daß Sie von vornherein dazu disponiert sind oder daß Sie eine bestimmte Praxis übertrieben haben.

Das kann dazu führen, daß Sie plötzlich von psychischen Inhalten heimgesucht werden, die nicht die ihren sind. Stimmungen, Gedanken und Bilder gehen unmotiviert durch Ihre Seele wie ein Fremder, der vergessen hat, anzuklopfen. Begehen Sie nicht den Fehler, dies im Sinne der Psychoanalyse als »Inhalte Ihres Unbewußten« zu interpretieren und damit praktisch einzubürgern. Wenn Sie den deutlichen Eindruck haben, daß etwas nichts mit Ihnen zu tun hat, so vertrauen Sie Ihrem Gefühl.

Schwieriger wird es bei telepathischen Verbindungen, die wohl mit Ihnen zu tun haben, aber gegen Ihren Willen zustande kommen. Das kann zum Beispiel geschehen, wenn jemand intensive negative Gefühle gegen Sie richtet. Aber auch übertriebenes Interesse eines anderen Menschen kann Sie schwächen, indem es Ihnen Energie abzieht – ein Vorgang, den man manchmal mit dem leider zutreffenden Begriff »psychischer Vampirismus« bezeichnet.

In allen diesen Fällen müssen Sie sich zentrieren und Ihre Aura schließen. Dafür eignen sich etwa die Übungen *Die Aura weiten* (Seite 121), *Goldenes Licht* (Seite 108), *Middle Pillar* (Seite 118), *Sonne im Bauch* (Seite 122), aber natürlich auch jede Meditation, die Ihnen persönlich das Gefühl von innerer Stärke und Sammlung vermittelt. Versuchen Sie auch die *Meditationen der Reinigung* (Seite 124 ff.).

Zum gezielten Schutz Ihrer Außengrenzen hier noch einige Mittel aus der Abteilung »psychische Selbstverteidigung«, die eigentlich jeder halbwegs aktive seelische Abenteurer beherrschen sollte.

Psychische Selbstverteidigung

Kokon

Visualisieren Sie um sich herum eine große, leuchtende Kugel aus goldenem Licht, die Sie einhüllt und schützt. Sie ist mit einem Netz aus weißen Lichtfäden überzogen, an deren Knotenpunkten kleine Kristalle funkeln.

Feuerkreis

Stellen Sie sich mit Blick nach Norden auf.

Sehen Sie sich im Geist als Ritter in Rüstung oder jedenfalls als wehrhafter Krieger mit Schwert. Heutzutage werden sicher auch Frauen keine Schwierigkeit mit dieser Imagination haben.

Ziehen Sie jetzt in Ihrer Vorstellung das Schwert, und richten Sie es auf den Boden vor sich. Dort, wo die Klinge hinzeigt, lodert eine Flamme auf.

Drehen Sie sich nun langsam im Uhrzeigersinn um Ihre Achse. Die Klinge beschreibt einen Kreis, Sie sind zum Schluß von einem zusammenhängenden Feuerkreis umgeben, der Sie gegen feindliche Einflüsse schützt.

Wenn Sie die Bewegungen, die zu dieser Imagination gehören, auch physisch ausführen, verstärkt dies die Wirkung. Führen Sie in Krisenzeiten die Übung zweimal am Tag durch, morgens und abends.

Andreaskreuz

Zwei gleichlange Balken, die im Winkel von 45 Grad geneigt sind und sich in der Mitte kreuzen, werden in vielen Kulturen von alters her als Mittel der Abwehr und als »Geisterfänger« eingesetzt. Bei uns hat sich diese Funktion noch in den Kreuzen erhalten, die manchmal unbeschrankte Bahnübergänge schützen.

Eine ähnliche Struktur können Sie ganz leicht herstellen, indem Sie die Arme so über der Brust kreuzen, daß die Handflächen jeweils auf der gegenüberliegenden Schulter liegen (Abbildung 15).

Nehmen Sie diese Stellung ein, wenn Sie sich

Abb. 15:
Andreaskreuz

seelisch akut bedroht fühlen. Das verändert Ihr Kör-
pergefühl und damit die Situation. Es ist also eine
Notfallmaßnahme.

Rückendeckung

Stellen Sie sich vor, ein starker, verläßlicher Freund
stehe hinter Ihnen, ein Mensch, der Ihnen uneinge-
schränkt wohlwollend gesonnen ist und Sie in jeder
Lage unterstützen würde.

Wählen Sie keine Person, die Sie persönlich kennen, geben Sie dem Helfer überhaupt kein Gesicht
und keinen Namen. Er oder sie steht wortlos hinter
Ihnen, Sie spüren seine hilfreiche Energie. Das
genügt völlig: Sie sind beschützt, nichts kann Ihnen
zustoßen.

Wann immer Sie das Gefühl haben, zu offen für fremde
Einflüsse zu sein, so schützen Sie sich. Grübeln Sie aber
nicht darüber nach, ob Ihr Eindruck *objektiv* richtig ist.
Verwenden Sie vor allem keine Mühe darauf, herauszufinden, von wem eine Störung ausgehen könnte. Damit wür-

den Sie nur eine Verbindung knüpfen, die Sie gerade unterbrechen wollen, und einem möglichen Eindringling neue Energie geben.

Aber genug der Betriebsunfälle und Merkwürdigkeiten. Die gute Nachricht ist, daß sich die positiven Effekte von Meditation mit großer Verläßlichkeit einstellen, während die eben beschriebenen Phänomene nur Entgleisungen eines eigentlich hilfreichen Prozesses darstellen.

Trotzdem darf man sie nicht verschweigen. Auch wenn es manch Positiver Denker am liebsten verbieten würde – so etwas kommt vor. Und wenn es geschieht, hat man vorher etwas falsch gemacht.

Unerwünschte Nebenwirkungen sind also ein wertvoller Hinweis. Sie helfen uns, mit dem Werkzeug Meditation in Zukunft besser umzugehen.

Wolkenkuckucksheim

Ein Grundfehler, den Meditierende begehen können, ist der, daß sie sich in ihrer Sehnsucht nach dem Spirituellen zu weit von der gewöhnlichen materiellen Realität entfernen. Sie verbringen vielleicht einfach zu viel Zeit in den inneren Räumen, denken endlos über esoterische Fragen nach, nehmen die Plejaden, Atlantis und Lemuria wichtiger als die Welt, in der sie leben, und würden am liebsten schnell ein Aufgestiegener Meister werden.

Wer daraufhin den Boden unter den Füßen verliert, sollte sich schleunigst »erden«. Das heißt: möglichst viel Kontakt mit der Materie, körperliche Arbeit, Sport, Wanderungen, handwerkliche Tätigkeit. Gewöhnliche Dinge tun, sich anspruchslose Vergnügungen gönnen, unter Leute gehen – auch unter solche, die nicht wissen, wo Lemuria liegt. Nicht zu viel denken. Nicht meditieren, jedenfalls eine Zeitlang.

Voreilige Erleuchtung

Eine weitere, recht beliebte Form, Schwierigkeiten heraus-
zufordern, besteht darin, daß man mit Hilfe der Meditation Bedürfnisse befriedigen will, die anderswo entschieden besser aufgehoben wären.

Meist macht sich der Meditierende dann etwas vor: Er
glaubt, über gewisse Dinge erhaben zu sein, die in Wirklichkeit sein Verhalten noch deutlich beeinflussen. *Illumi-
natio praecox*, voreilige Erleuchtung, nennt das der schon
einmal erwähnte Francisco Varela.

Dieses Thema ist so wichtig, daß ich ihm das nächste
Kapitel widmen möchte.

Kapitel 16

Illuminatio praecox oder:
Das Ego schläft nicht

Meditation macht spirituell. Sie hilft uns, unser Ego zu überwinden. Sie öffnet uns den Blick für kosmische Zusammenhänge und befreit uns von kleinlichen Zielen und Wünschen – mit solch rosigen Versprechungen im Ohr machen sich viele Sucher auf den Weg zum meditativen Bewußtsein.

Die Erwartungen sind im Prinzip nicht falsch. Nur verabsäumen die Pilger oft, zu überprüfen, wie nahe sie ihren hehren Zielen eigentlich schon gekommen sind. Bald glauben sie, allein dadurch, *daß* sie meditieren, seien sie spiritueller als der Rest der Menschheit und erhaben über Probleme, die den gewöhnlichen Sterblichen plagen.

Wenn das ein Irrtum ist – oft ist es einer –, so wird er sich irgendwo bemerkbar machen. Das verleugnete Gefühl, der verleugnete Wunsch, das überwunden geglaubte Problem wird unbeirrbar weiter wirken und verhindern, daß der Meditierende von seiner Praxis wirklich profitiert. Und ihn vielleicht zu einer Last für seine Mitmenschen machen.

Eine Betrachtung dieser vielfältigen Irrwege sollte sich also niemand ersparen. Fangen Sie bei Ihren Mitmenschen an, da sieht man alles viel leichter. Gehen Sie dann schonungslos zu sich selbst über.

Leistungsdenken

Das Bedürfnis, etwas zu leisten und zu bewirken, gehört sicher zu jedem gesunden Menschen; ob wir es in unserer Gesellschaft übertreiben, ist eine andere Frage.

Bei der Meditation kann Leistungsdenken aber ausgesprochen »kontraproduktiv« sein, also das Gegenteil dessen bewirken, was beabsichtigt ist. Zwar stellt Meditation durchaus zielgerichtetes Handeln dar; irgend etwas will man erreichen, sonst könnte man es ja bleibenlassen. Andererseits vereitelt allzu bewußtes Bemühen das Ergebnis. Wer einen Bewußtseinszustand oder eine Persönlichkeitsveränderung herbeimeditieren will, handelt wie ein Gärtner, der an seinen Bäumchen zieht, damit sie schneller wachsen.

Oft treten Probleme, wie sie im letzten Kapitel beschrieben wurden, dadurch auf, daß jemand zuviel oder das Falsche von Meditation wollte.

Fragen Sie sich nach Ihrem Motiv, wenn Ihnen so etwas passiert. Da steht einiges zur Auswahl.

Wunderdroge

Versuchen Sie, sich mit Hilfe von Meditation um die Lösung von ganz gewöhnlichen Alltagsproblemen zu drücken? Da ihr solch wundersame Wirkungen nachgesagt werden, liegt die Versuchung nahe, zu sagen: Wenn ich erst meditiere, wird alles gut.

Bleibt dann der erhoffte Erfolg aus, so kann die meditative Praxis zur letzten Zuflucht werden. Wenigstens hier gelingt doch etwas, wenigstens dabei fühlt man sich wohl. Im schlimmsten Fall führt dies zu einer fast suchtähnlichen Abhängigkeit.

Symptombehandlung

Manchmal beseitigt eine Methode ein Problem schon, aber nicht tiefgreifend genug. Die Meditation spielt dann die gleiche Rolle wie Aspirin bei Kopfschmerzen: Sie mildert die Folgen, behebt aber nicht die Ursachen.

So kann sich zum Beispiel jemand, der sexuell unbefriedigt ist, seine Bedürfnisse regelrecht wegmeditieren (ich verrate *nicht*, mit welcher Methode). Die wirkliche Lösung wäre aber natürlich, daß er seine Beziehung zum anderen Geschlecht verändert.

Solche Scheinlösungen erkennen Sie daran, daß Sie sich sofort schlechter fühlen, wenn Sie ein paar Tage nicht meditieren. Das »Aspirin« fällt aus, das Problem kehrt wieder.

Missionarischer Eifer

Leute, die unter dem Zwang stehen, jeden zum Meditieren zu drängen, haben oft mit dem, was sie empfehlen, nicht den gewünschten Erfolg, wollen sich das aber nicht eingestehen.

Meist sind sie selbst *kein* leuchtendes Beispiel für die Wunder, die sie anderen in Aussicht stellen. Und meist werden sie sehr ärgerlich, wenn man sie auf diesen Widerspruch hinweist.

Streiten Sie nicht mit Missionaren; die fassen das nur als Indiz dafür auf, daß Sie ihre Hilfe brauchen. Betrachten Sie missionarische Neigungen an sich selbst als Grund zur Besorgnis.

Oft ist Predigen auch ein bequemer Vorwand, sich als überlegen darzustellen. Allerdings unter dem Deckmantel der Nächstenliebe. Es geschieht ja nur zu unserem Besten.

Ich bin heiliger als du

Jeder, der die esoterische Szene ein wenig kennt, hat dieses Spiel schon viele Male erlebt. Meditation spielt dabei eine große Rolle.

Wer sitzt aufrechter, wer atmet tiefer, wer hält länger im vollen Lotossitz aus? Wer steht früher auf? Wer hat mit mehr Meistern und an mehr heiligen Orten meditiert? Wessen Guru saß länger in der Höhle im Himalaya?

Seien Sie vorsichtig, wenn Ihnen jemand allzu ausführlich von seinen meditativen Abenteuern erzählt. Ziehen Sie nicht augenblicklich den Schluß daraus, daß Sie es mit einem außerordentlich weit entwickelten Menschen zu tun haben. Vielleicht sitzen Sie einem dieser Adepten gegenüber, die all das nicht tun würden, wenn sie niemandem davon erzählen könnten.

Sollten Sie ähnliche Tendenzen an sich selbst feststellen, so hören Sie einfach eine Weile auf, mit anderen über Meditation zu reden. Fehlt Ihnen dann etwas?

Viele meditative Selbstdarsteller wollen einfach bewundert, geliebt und respektiert werden wie ein Künstler für seine Werke oder ein Sportler für den Sieg.

Andere sind auf mehr aus; nämlich auf Herrschaft. Ihre heimliche Agenda lautet: Ich bin heiliger als du, deshalb mußt du tun, was ich will.

Power

Mit dem Wort haben Übersetzer ihre liebe Not. Heißt es nun Kraft oder Macht? Im Englischen beides.

Gewinnt man durch eine *power*volle Meditation Kraft oder Macht? Leider auch beides. Was man subjektiv als innere Stärke und Energie erlebt, läßt sich auch dafür einsetzen, andere zu dominieren. Machthungrige Meditierer verfolgen oft eine Doppelstrategie: Durch imponierende und weithin sichtbare Praxis beeindrucken sie ihre Mitmenschen und verschaffen sich eine makellose Reputation. Die dabei gewonnene Kraft benutzen sie, um psychisch Schwächeren ihren Willen aufzuzwingen.

Mit einiger Begabung bringen sie es meistens zum Guru.

Sehr wichtig scheint mir, daß hinter allen geschilderten Spielchen, Sackgassen und Mißbrauchsvarianten Motive stecken, die anderswo durchaus am Platz sein können.

Die Gesellschaft bietet viele Möglichkeiten, seinen Leistungswillen, seinen Geltungsdrang, auch seinen Willen zur Macht sinnvoll einzusetzen. Nur im Zusammenhang mit Meditation haben diese Dinge nichts zu suchen.

Wer aber nicht von ihnen lassen will und trotzdem vorgibt, Höheres im Sinn zu haben, entfernt sich von der Wahrheit, der er angeblich dient.

Kapitel 17

Selbsterkenntnis und Erleuchtung

Wollen Sie überhaupt erleuchtet sein? Ich wette, daß Sie sich das nicht gerade täglich fragen.

Es trägt aber sehr zur Klarheit bei, es doch einmal zu tun. Denn am Ende des Weges lauert sie ja doch für die meisten, die Erleuchtung, schwer zu erkennen wie König Artus' Burg in den Nebeln von Cornwall, aber nie ganz verschwindend. Und alles, was in ihre Richtung führt, macht die vielbemühte »spirituelle Dimension« der Meditation aus.

Die spirituelle Dimension

Das Phantom

»Was ist das denn nun?« fragen Nicht-Eingeweihte immer wieder, und machen sich damit bei den Meditanten unbeliebt. Sie berühren nämlich einen wunden Punkt: Allzu genau können es die meisten auch nicht sagen. Und viele bemühen sich auch nicht sehr, es herauszufinden.

Woran man das höhere Bewußtsein, das man anstrebt, eigentlich erkennen sollte, wenn es sich denn einstellt – das ist ein heikles Thema, über das nicht gerne gesprochen wird.

Kommen dann noch, wie beschrieben, angeblich niedere Gefühle und Motive ins Spiel oder psychische Probleme, wie sie jeder hat, dann ist die Frustration perfekt. Nun meditiere ich schon so lange, sagt sich der Übende, und habe immer noch mit diesem Kinderkram zu tun!

Der Grundfehler, der in diese Verwirrung führt, liegt meiner Meinung nach darin, daß man Meditation einfach diffus als Mittel zur Herstellung eines erleuchteten Bewußtseins auffaßt, ohne genauer zu fragen, wie dieser Prozeß denn vor sich gehen soll.

Kinderkram und Straßensperren

»Du kannst das Göttliche nicht herbeiführen, aber du kannst sein Kommen behindern« – so drückte Shree Rajneesh einen Gedanken aus, den uns schon viele Weise in der einen oder anderen Form nahebringen wollten.

Damit hebt sich der Nebel: Wir können das höhere Bewußtsein gar nicht herbeimeditieren. Wachstum, Entwicklung, der Drang zum Licht, wie immer man es nennen will, ist die natürliche Tendenz der Seele. Daß sie sich nicht entfalten kann, liegt an den Hindernissen, die wir aufbauen. Unsere Aufgabe ist nicht, unablässig nach den höheren Sphären zu schielen, wir müssen die Dinge beiseite räumen, die uns daran hindern, sie zu erreichen.

Wenn Sie Meditation unter diesem Blickwinkel betrachten, werden Sie viel von Ihrer Ungeduld verlieren und entschieden nachsichtiger mit sich selbst sein. Sie werden sich nicht mehr zurechtweisen für Ihre unausgegorenen, so gar nicht spirituellen Regungen. Sie werden es nicht als Rückfall betrachten, wenn Ihre Meditation gerade große Ähnlichkeit mit einer normalen Psychotherapie hat. Sie werden begrüßen, was immer ans Licht kommt, weil es Ihnen ermöglicht, wichtige Arbeit zu leisten. Sie werden aufhören zu maulen wie ein kleines Kind, das bei einer Autofahrt seine Eltern alle fünf Minuten fragt, wann »wir endlich da sind«.

Und überhaupt: Wie ist es denn dort, wo wir angeblich alle hinwollen? Damit sind wir wieder bei der Ausgangsfrage.

Die Wirklichkeit des Mystikers

Erleuchtungserlebnisse von Mystikern zeigen, daß diese Erfahrung um vieles radikaler ist, als sich der Meditations-Romantiker träumen läßt. »Mystik ist kein liebliches Spiel mit irgendwelchen religiösen Ideen«, schreibt der Theologe Georg Schmid, »dieses Spiel um Leben und Tod, um Ewigkeit und Verzweiflung, dieses Abenteuer zwischen Himmel und Hölle geht kein Mensch freiwillig ein.« (23)

Behaupten Sie also nicht, etwas zu wollen, was Sie, träte es ein, gar nicht begrüßen würden. Schon mit milderen Formen der Heiligkeit haben viele Leute mehr Probleme, als sie zugeben wollen.

Ein grundlegendes Merkmal des spirituellen, mystischen Bewußtseins ist das Gefühl der Verbundenheit mit allen Dingen. Der Mystiker erlebt sich als Teil eines riesigen, wohlgeordneten Ganzen von unendlicher Schönheit und Sinnhaftigkeit.

Man kann sich aber nicht als Teil von allem, was ist, erleben und gleichzeitig wie ein Kapitän auf der Brücke den Kurs bestimmen wollen. Man muß sich einem größeren Willen unterordnen; das altmodische Wort dafür heißt Hingabe.

Da Alles-was-ist, das Große Ganze, so unendlich weit über den einzelnen hinausgeht, kann, wer immer sich ihm rückhaltslos anvertraut, auch nicht wissen, was auf ihn zukommt.

Absolute Hingabe, absolute Ungewißheit – wer dazu nicht bereit ist, sollte nicht behaupten, daß er die Erleuchtung sucht. Eigentlich.

Aber wer wird denn so konsequent sein? Es gibt ja noch spirituelle Schulen.

Lehren und Landkarten

Spirituelle Schulen bringen ihren Schülern bei, wie man das religiöse Bewußtsein persönlich erfahren kann; die Meditation ist eines der wichtigsten Mittel dazu. Daneben vermitteln sie aber immer auch mehr oder weniger genaue Vorstellungen über den Pfad, auf den sie den Novizen schicken.

Das ergibt zusammen eine paradoxe Spielregel:

1. Gib dich vorbehaltlos dem Willen des Universums hin.
2. Zur Sicherheit sagen wir dir, was dabei geschehen wird, wenn du es tust, und wo du ankommen solltest, wenn du alles richtig machst.

Viele machen sich keinen Begriff davon, wieviel Rigidität und Dogmatismus in solchen Vorschriften und hierarchischen Stufenmodellen des Bewußtseins stecken kann. Keine Rede davon, daß »der Geist weht, wo er will«.

Um diese Vermischung von Methode und Lehre zu vermeiden, habe ich im vorliegenden Buch die Meditationsformen nicht, wie üblich, nach den Traditionen eingeteilt, aus denen sie hervorgegangen sind.

Sehr oft wird Ihnen aber Meditation im Rahmen einer bestimmten Schule oder Religion begegnen. Die meisten Lehrer fühlen sich einer bestimmten Richtung und ihren Meistern verbunden, oft genug ist der Meditationsunterricht auch der erste Schritt zum Seelenfang für eine bestimmte Gruppierung.

Denken Sie nicht, Sie könnten in diesem Fall eine solche Ausbildung einfach mal »mitnehmen« wie etwa einen Kurs in der Volkshochschule.

Es ist eine allgemeine Erfahrung, daß Meditation in Gruppen intensiver verläuft, als wenn man allein meditiert. Gemeinsam schaffen die Teilnehmer ein zusammenhängendes Energiefeld, das die Wirkung verstärkt.

In einer harmonischen, liebevollen Gruppe kann das zu sehr tiefen Meditationen und beglückenden Gefühlen der Verbundenheit führen. Mit echten Gefährten zu meditieren ist eines der besten Mittel, das gemeinsame Band zu festigen. Es kann auch dem einzelnen Kraft geben und ihm helfen, mögliche Krisen durchzustehen.

Sitzt man aber zusammen mit Leuten, die man sich unter anderen Umständen nie zum Freund wählen würde, so ist die gleiche telepathische Verbindung bedenklich.

Bei der Wahl einer Meditationsgruppe sollte man also fast die gleiche Sorgfalt walten lassen wie bei der Wahl eines Liebespartners. Achten Sie genau darauf, wie es Ihnen in den ersten Sitzungen ergeht. Geben Sie keinem kollektiven Druck nach, wie subtil er auch immer sein mag. Er ist ohnehin kein gutes Zeichen.

Gruppen sind nun einmal der ideale Nährboden für *Illuminatio-praecox*-Spiele aller Art. Halten sich ihre Mitglieder für eine Elite, so müssen sie oft enorme Anstrengungen unternehmen, um diesen Anspruch mit einer weniger großartigen Wirklichkeit zu versöhnen.

Wollen Sie mit einer Gruppe meditieren, die sich ausdrücklich als spirituelle Gemeinschaft definiert, so sollten Sie sich nicht nur mit der Lehre befassen, der sie anhängt. Sehen Sie sich auch ihre Handlungen an.

Wie gehen die Mitglieder miteinander um? Kommt ihr Lächeln aus dem Herzen? Sind Sie wirklich gut gelaunt oder zwangsfröhlich? Gibt es Hackordnungskämpfe, und wenn ja, werden sie wenigstens offen ausgetragen? Bedroht man Sie mit Liebesentzug, wenn Sie etwas anderes denken als das Kollektiv? *Sucht* man in der Gruppe die Wahrheit, oder hat man sie schon ein für allemal gefunden?

… und Gurus

Der Leiter oder Guru verdient natürlich die gleiche Aufmerksamkeit. Wie er oder sie auf Sie wirkt, wissen Sie. Aber betrachten Sie auch, was um ihn herum vorgeht. Wer sitzt ihm zu Füßen? Kann er starke Persönlichkeiten in seiner Nähe ertragen? Setzt er sich in Szene? Läßt er sich huldigen? Zeigt er echtes Interesse an der Erfahrung seiner Schüler?

Stellt er seine Methode als die allein seligmachende dar? Kennt er überhaupt andere Methoden? Verkündet er apodiktisch, wie der Weg zum Heil auszusehen hat? Und, falls er als Schüler eines Meisters auftritt: Haben Sie das Gefühl, daß, was er sagt, sich auch mit seiner eigenen Erfahrung deckt? Hat er überhaupt genügend Lebenserfahrung, um anderen den Weg weisen zu können?

Ich versuche, Ihren Blick zu schärfen. Aber mir ist klar, wie sehr die Entscheidung, sich einer Schule anzuschließen oder sich von ihr fernzuhalten, von persönlichen Faktoren bestimmt ist.

Meine Haltung ist Ihnen sicher nicht verborgen geblieben: Ich meine, daß jeder den Weg zur Wahrheit letztlich allein gehen muß.

Ich meine auch, daß sich diese Wahrheit – so gemütlich es in einem Ashram sein kann – am besten im Alltag enthüllt.

Kapitel 18

Meditation im Alltag

Der erste Schritt der Meditation besteht darin, Ihren Alltag für eine Weile hinter sich zu lassen. Sie richten einen
Bereich ein, in dem Frieden und Gelassenheit herrschen,
schaffen einen Fixpunkt, von dem aus sich Ihr Leben neu
ordnen kann. Sie nehmen allerdings auch eine Trennung
vor: Ihr Tagesablauf zerfällt in Meditation und Nicht-
Meditation.

Anfangs ist dies ein wertvolles Hilfsmittel. Es schafft
Distanz, erleichtert Ihnen, neue Seinsweisen zu erproben
und einzuüben. Und wenn Sie in Zukunft immer einen
Teil Ihres Tages für Meditation reservieren, so wird sich
dies, wie beschrieben, deutlich auf alles auswirken, was
Sie tun.

Dabei stehenbleiben müssen Sie aber nicht. Sie können
auch *die Meditation in Ihren Alltag hineinnehmen.*

Das Mantra im Waschsalon

Bei einer gewissen Lockerung der »Durchführungsbestim-
mungen« lassen sich eine Reihe der Techniken, die in diesem Buch vorgestellt wurden, in Ruhe- und Leerlauf-Pha-
sen während des Tages praktizieren.

Warum zum Beispiel nicht bei der Küchenarbeit sum-
men? (*Nadabrahma*, Seite 70). Sich auf dem Stuhl des
Zahnarztes in einen Kokon aus goldenem Licht hüllen?
(*Kokon*, Seite 168). Im Waschsalon innerlich ein Mantra
rezitieren? (*Mantra-Meditation*, Seite 65). Haben Sie keine
Angst, die Heiligkeit der spirituellen Praxis zu entweihen.

Stellen Sie lieber fest, wie Sie sich danach fühlen. Nach einer Fahrt im Pendlerzug etwa, bei der Sie Ihre Atmung beobachtet haben, werden Sie sicher anders aussteigen als Ihr Nachbar, der sich in der gleichen Zeit über die Skandale im englischen Königshaus informiert hat.

Die alphabetische Liste der Übungen und Meditationen auf Seite 193 kann Sie auf weitere Ideen bringen.

Natürlich werden Sie in der Alltagsform keine so tiefe Versenkung erreichen wie in der regulären Meditationszeit. Und ganz bestimmt sollten Sie dergleichen unterlassen, wenn Sie Auto fahren oder technische Geräte bedienen.

Ein prinzipiell anderer Weg zum meditativen Alltag besteht darin, die Umwelt selbst zur Meditationsvorlage zu machen.

Die ganze Welt als Mandala

Da dies in letzter Konsequenz ein gewaltiges Unternehmen ist, beginnen Sie vielleicht besser mit ein paar spielerischen Vorübungen.

Gourmet
Wie oft ist es Ihnen schon passiert, daß Sie in einem Restaurant viel Geld für gutes Essen ausgaben, es dann aber gar nicht richtig gewürdigt haben, weil die Unterhaltung so angeregt war? Sie haben in diesem Fall die Welt der Erfahrung zugunsten von interessanten Ideen vernachlässigt.

Stellen Sie sich also, wann immer Sie essen, vor, Sie seien einer von diesen gefürchteten professionellen Feinschmeckern, die jedes falsch gewürzte Trüffelsoufflée und jeden Weißwein, der um ein Grad zu

---

warm ist, gnadenlos erkennen. Es macht nichts, wenn Sie weniger edle Kost zu sich nehmen.

Ist das heutige Erdbeerjoghurt genausogut wie das gestrige, oder vielleicht doch etwas zu nahe am Verfalldatum? Schmecken die heimischen Tomaten wirklich würziger als die holländischen aus dem Treibhaus? Das bloße Beurteilen der Speisen ist zwar noch keine unmittelbare, meditative Wahrnehmung, aber es erfordert Sensibilität und weckt die Sinne aus dem Dämmerzustand, in dem sie sich so oft befinden.

Der Zeuge

In Fernsehkrimis sieht man so etwas manchmal: Detective Handsome von der New Yorker Polizei schwatzt gerade morgens mit seinem Zeitungsverkäufer, da biegt ein Auto mit quietschenden Reifen um die Ecke – das Fluchtfahrzeug der Bankräuber. Niemand kann später das Gefährt oder gar seine Insassen genau beschreiben. Nur unser Held natürlich. Gelernt ist eben gelernt.

Stellen Sie sich vor, Sie würden gleich als Zeuge für das gebraucht, was Sie gerade sehen. Angenommen, ein freundlicher Polizist mit Notizblock fragte Sie in fünf Minuten, könnten Sie ihm dann sagen, wieviel Leute gerade auf dem Bürgersteig waren, auf dem Sie gehen? Wie sie aussahen, was sie anhatten? Auf welcher Phase die Ampel stand? Was in dem Schaufenster lag, an dem Sie vorbeigingen?

Wieder ist dies nur ein Trick, der Sie zur Wahrnehmung zwingt. Ähnlich wie bei der nächsten Übung.

Maler

Maler betrachten die Welt oft lange und mit allen Zeichen des Interesses, während andere sich langweilen. Einer, den ich einmal darauf ansprach, meinte: »Ach, wissen Sie, ich photographiere mit den Augen.«

Das können auch Sie, selbst wenn Sie nie einen Pinsel in der Hand haben. Stellen Sie sich vor, Sie beherrschten die künstlerische Technik und wollten eine Szene, die Sie gerade sehen, später aus dem Gedächtnis im kahlen Atelier auf die Leinwand bannen. Wüßten Sie dann, welche Farbe Sie für den Schatten des Hauses vor Ihnen anmischen müßten? Welche Form die Wolke darüber haben soll? Und wie die Sonne genau einfällt?

Je öfter Sie diese Spiele praktizieren, desto mehr wird Ihnen eine gewisse Grundhaltung zur Gewohnheit. Sie fangen an, die Welt wirklich wahrzunehmen, anstatt sie nur zu registrieren. Dann sind Sie vielleicht bereit für ein wahrhaft großes Exerzitium.

Grenzenlose Achtsamkeit

Nehmen Sie die Welt so vollständig wahr, wie Sie nur können.

Fangen Sie mit dem Sinn an, der Ihnen am nächsten liegt. Vielleicht sind es Ihre Körperempfindungen. Spüren Sie also, wie Ihre Füße den Boden berühren, Ihr Hintern auf der Sitzfläche des Stuhles ruht, die Luft durch Ihre Nase streicht ... Lassen Sie nichts aus.

Dann wenden Sie sich, sagen wir, Ihrer visuellen Wahrnehmung zu. Erfassen Sie alles, was sich Ihren

Augen bietet, mit der äußersten Sorgfalt. Blenden Sie aber, während Sie das tun, die Körperempfindungen nicht aus! So nehmen Sie einen Sinn nach dem anderen hinzu, ohne den anderen zu vergessen.

Während in vielen anderen Meditationen Konzentration durch Beschränkung erreicht wird, findet hier eine *Ausweitung der Konzentration selbst* statt.

Das erfordert große Geduld und Selbstdisziplin. Machen Sie sofort Ihren letzten Schritt rückgängig, wenn Sie merken, daß Sie Eindrücke über Bord werfen, um für neue Platz zu machen. Verurteilen Sie sich in diesem Fall nicht, aber machen Sie sich auch nichts vor.

Die ersten Versuche führen Sie am besten in der für die Meditation reservierten Zeit durch. Dann können Sie aber dazu übergehen, diese Art der Wahrnehmung im Alltag mit seinen wechselnden Situationen zu erproben.

Das ist eine unendliche Geschichte. Achtsamkeit ist keine Meditation, die man so lange übt, bis man sie irgendwann »kann«. Es läßt sich immer noch mehr, noch genauer, noch direkter wahrnehmen, in der sinnlichen wie in anderen Welten. Darin kann man sich ein Leben lang perfektionieren. Oder vielleicht sogar länger.

Es gibt allerdings auch einen Weg, dieser Achtsamkeit auf eine sehr aktive Weise nachzuhelfen.

Ich denke, was ich tue

Denken Sie nicht mehr und nicht weniger, als Sie gerade tun. Sie schieben morgens die Bettdecke beiseite und denken »Ich schiebe die Bettdecke bei-

seite«. Dann denken und tun Sie »Ich setze den linken Fuß auf den Bettvorleger«, später »Ich schalte die
Kaffemaschine mit dem Daumen der linken Hand
ein«, und so weiter.

Eine geniale Strategie: Man läßt das Denken weiterhin aktiv sein, aber nun dient es plötzlich der Einheit von Geist
und Körper, anstatt wie so oft durch Gefilde zu düsen, in
die der Körper nicht folgen kann.

Dies ist keine sanfte Technik. Ihre gedankenerzeugen-
den Systeme werden an der Kette zerren wie ein bösarti-
ger Hofhund. Denn sie müssen ja ihre liebgewonnenen
Gewohnheiten ändern und auf vieles verzichten: Erinnerungen, Befürchtungen, Wunschträume, imaginäre Gespräche ... Machen Sie sich auf einige Entzugserscheinun-
gen gefaßt. Ein Entzug ist es tatsächlich. Seien Sie also
nicht zu hart mit sich; aber hartnäckig.

Sobald Ihnen die ungeteilte Aufmerksamkeit für Ihr eigenes Tun etwas selbstverständlicher wird, ist das ausdrücklich verbale Denken nicht mehr so wichtig. Sie können es aber immer wieder einsetzen, wenn Ihre Konzentration nachläßt.

Jenseits aller Technik

Ein letzter Weg zur permanenten Meditation, den ich hier
vorstellen will, ist dagegen so unspektakulär, daß man ihn
gar nicht mehr als Methode bezeichnen kann; er ist eher
eine innere Handlung: Übertragen Sie die Grundstim-
mung, die Sie aus den verschiedenen Meditationen kennen, auf Ihren Alltag.

Was ist für Sie die Essenz aller Meditationen, das
Grundgefühl, das jede sprachliche Beschreibung transzen-
diert?

Erinnern Sie sich an dieses Gefühl, und werden Sie sich klar darüber, daß diese Erinnerung *jetzt* stattfindet. Sie können das Gefühl also herstellen. Machen Sie dies so oft, wie es Ihnen möglich ist. Fangen Sie in ruhigen Momenten damit an, lassen Sie das Gefühl immer weiter vordringen, bis es Ihnen schließlich auch im größten Trubel nicht mehr verlorengeht.

Meditation im Alltag setzt Erfahrung mit stärker strukturierter Praxis voraus. Beide Formen schließen einander aber keineswegs aus. Viele Übende bemerken allerdings, daß ihr Bedürfnis nach formalen Techniken immer geringer wird, je mehr sie versuchen, den Alltag selbst meditativ zu gestalten.

Sie bestätigen damit die Auffassung mancher Lehrer, die meinen, all die Regeln, Haltungen und Methoden seien nur eine Durchgangsstation auf dem großen Weg der Befreiung.

Die Welt als Mandala, das Leben selbst als Meditation – für die meisten von uns sicher kein nahes Ziel. Ein Glück, daß der Weg dorthin so faszinierend ist.

Wanderer ...

Nun schließe ich meinen Werkzeugkasten.

»Erleuchtung«, schreibt Thaddeus Golas, »ist der Vorgang des Sich-Ausdehnens selbst, nicht die Ankunft auf einer anderen Ebene mit anderen neuen Gesetzen.« (11)

Wenn Sie anfangen, zu meditieren, erklären Sie sich damit einverstanden, sich zu verändern. Sie müssen damit rechnen, daß etwas, was gestern noch wahr war, heute nicht mehr stimmt.

Besser, Sie entwickeln keine sentimentale Bindung an vergangene Ekstasen. Bleiben Sie Ihrem eigenen Prozeß treu, nicht jener Methode, die Ihnen früher geholfen hat. Seien Sie bereit, jedes Werkzeug wieder aus der Hand zu legen, wenn es seinen Dienst getan hat.

Versuchen Sie nie, die Erfahrung eines anderen Menschen nachzuahmen, wie großartig Sie Ihnen auch vorkommen mag.

Seien Sie liebevoll zu sich selbst. Lassen Sie sich Zeit.

Das Schlußwort übernimmt der spanische Dichter Antonio Machado:

Caminante, son tus huellas,
el camino, y nada más.
Caminante, no hay camino,
se hace camino al andar.
Al andar se hace camino,
y al volver la vista atrás
se ve la senda que nunca
se ha de volver a pisar.

Caminante, no hay camino,
sino estelas en la mar.

Wanderer, deine Fußstapfen selbst
sind der Weg, und nichts sonst.
Wanderer, es gibt keinen Weg;
der Weg entsteht beim Gehen.
Beim Gehen entsteht der Weg,
und wenn du zurückblickst,
siehst du den Pfad,
den du nie mehr
betreten wirst müssen.
Wanderer, es gibt keinen Weg.
Nur Schaumkronen auf dem Meer.

Anhang

Übungen und Meditationen in alphabetischer Reihenfolge

Literatur

1. James Brennan: *Experimentelle Magie*, Sphinx, Basel 1990.
Dieser Autor steht in der Tradition der englischen Magie, und er bringt das Kunststück fertig, sie kurz, prägnant, sogar witzig zu präsentieren. Ein kleines, gehaltvolles Buch mit guten Übungen zur inneren Arbeit.

2. Walter E. Butler: *Das ist Magie*, Verlag Hermann Bauer, Freiburg 1991.
Jene Form der Magie, die sich auf die hermetische Tradition des Westens beruft, wird zwar für gewöhnlich eher mit Ritualen in Verbindung gebracht, sie hat aber auch wirksame Formen der Meditation überliefert. Butler beschreibt vor allem die Arbeit mit Visualisierung und Imagination sehr anschaulich.

3. Patricia Carrington: *Das große Buch der Meditation*, Scherz, München 1994.
Der Titel ist nicht übertrieben: Wenige Werke behandeln das Thema so umfassend und vielseitig wie dieses. Carrington, gelernte Psychologin, versteht es ausgezeichnet, Fakten zusammenzutragen, sie darzustellen und nüchtern zu bewerten. Daneben ist sie aber auch offen für die innere Erfahrung und geht auf Dinge ein, die sich durch rein wissenschaftliche Betrachtung nicht erfassen lassen. Ein Buch, das nie den Boden unter den Füßen verliert und dennoch die höheren Bereiche nicht leugnet.

4. Ram Dass: *Reise des Erwachens*, Knaur, München 1986.
   Viele Autoren schreiben über die Freuden der Meditation, aber nur bei wenigen teilt sich diese Freude dem
   Leser unmittelbar mit. Ram Dass – der diese Inkarna-
   tion als Richard Alpert begann – ist so eine Ausnahme. Wenn man ihn liest, wird einem leicht ums
   Herz. In *Reise des Erwachens* verbindet Ram Dass Me-
   ditationsanweisungen, eigene Erlebnisse, Gedanken
   und viele Zitate zu einem inspirierenden Buch mit
   ganz persönlicher Handschrift.

5. Karlfried Graf Dürckheim: *Meditationen – wozu und
   wie*, Herder, Freiburg 1983.
   Dürckheim (1896–1988) hat vielen Menschen in
   Deutschland das erste Mal Zen-Buddhismus und
   Meditation nahegebracht. Er tat dies freilich immer auf
   eine sehr deutsche Weise: abstrakt, philosophisch, tief-
   gehend, elitär, schwierig zu lesen. Die deutsche Zen-
   Gemeinde trägt bis heute schwer am Dürckheim'schen
   Ernst (siehe auch *Vorspiel*, Seite 9).

6. Ernst Eggimann: *Meditation mit offenen Augen*, Kaiser,
   München 1974.
   Leider nicht mehr lieferbar; aber greifen Sie zu, wenn
   Sie dieses Büchlein in einem Antiquariat oder im
   Regal eines Freundes sehen. Eggimann beschreibt eine
   einzige Methode der Meditation (ähnlich der in Kapitel 5 des vorliegenden Buches). Was er jedoch zu Sinn
   und Zweck der Meditation sagt, ist einfach, klar und
   wunderschön. Wenn Sie noch nie meditiert haben –
   danach versuchen Sie es bestimmt!

7. Piero Ferrucci: *Werde, was du bist*, Rowohlt, Reinbek
   1986.
   Ein gutes Beispiel dafür, wie moderne Psychotherapeu-
   ten Meditationstechniken aufgreifen und in ihr Be-

handlungskonzept einbauen, ist die vom Italiener Roberto Assagioli entwickelte »Psychosynthese«. Ferrucci, ein Schüler Assagiolis, beschreibt hier diesen Weg des persönlichen Wachstums mit Hilfe von praktischen Anweisungen und vielen Fallgeschichten.

8. David Fontana: *Kursbuch Meditation*, Scherz, München 1994.
»Anleitungen zur Wahl der geeigneten Methode« verspricht der Verlag auf dem Umschlag. Das ist insofern richtig, als Fontana verschiedene Formen der Meditation vorstellt und sich große Mühe gibt, sie in eine Ordnung zu bringen. Davon abgesehen demonstriert das Buch aber eher, wie man Erfahrung durch ein Übermaß an Theorie und Hintergrundinformation zerreden kann.

9. Dion Fortune: *Selbstverteidigung mit PSI*, Ansata, Interlaken 1979.
Die Erkundung der inneren Räume bringt auch Risiken mit sich. Dazu gehören »magische Angriffe«, die keineswegs immer absichtlich geschehen müssen, sondern auch unbewußt ablaufen können (siehe Kapitel 15). Die englische Okkultistin referiert hier ihre reichhaltige Erfahrung mit beiden Varianten. Leichte Lektüre ist das nicht, denn jene magische Theorie, die nach Ansicht der Autorin zum Verständnis der geschilderten Phänomene notwendig ist, kommt ausführlich zur Sprache. Wen das allerdings interessiert, der hat danach wesentlich mehr gelernt als nur ein paar wirksame Abwehrmaßnahmen.

10. Ian Gawler: *Die Mitte finden*, Knaur, München 1993.
Der Autor hat sich durch Meditation von einer unheilbaren Krankheit befreit. Sein Buch steht deutlich unter dem Eindruck dieser Erfahrung und ist überhaupt sehr

durch persönliche Gedanken und selbstentwickelte Theorien geprägt. Daneben finden sich aber viele Übungsanweisungen und zum Teil interessante, kreative Meditationsformen.

11. Thaddeus Golas: *Der Erleuchtung ist es egal, wie du sie erlangst*, Sphinx, Basel 1991.
    »Ich bin ein fauler Mensch. Und weil ich so träge bin, glaube ich nicht daran, daß Anstrengung, Disziplin, Speisevorschriften, Nicht-Rauchen und andere Tugendbeweise nötig sind, um zur Erleuchtung zu gelangen.« *The Lazy Man's Guide To Enlightenment*, wie dieses Buchkonzentrat im Original heißt, hat seit seinem Erscheinen im Jahre 1971 sowohl in Amerika wie in Deutschland den Status eines Kultbuches erlangt. Kein Wunder: Wie oft erlebt man es schon, daß jemand alle Geheimnisse des Universums enthüllt und sich dabei kurz faßt? Pflichtlektüre für alle, denen das Thema Meditation und Erleuchtung oft zu schwerfällig abgehandelt wird.

12. Daniel Goleman: *Meditation: Wege nach innen*, Heyne, München 1994.
    Noch ein amerikanischer Psychologe – dieser aber hat eine ausgeprägte Vorliebe für sprituelle Systeme, was ihn zu einer guten Informationsquelle für östliche Schulen macht, in denen Meditation eine große Rolle spielt. So etwas nennt man Sekundärliteratur: Jemand gibt wieder, was er anderswo gelesen hat. Das erspart einem das Sammeln von Informationen; man vermißt aber den originalen Beitrag des Autors.

13. Christina und Stanislav Grof: *Die stürmische Suche nach dem Selbst*, Kösel, München 1991.
    Die Autoren wissen, wovon sie reden: Sie haben auf ihrer eigenen spirituellen Suche Höhen und Tiefen

dieses Weges durchgemacht und später bei der Betreuung von »psychischen Unfallopfern« ausgiebige Erfahrungen gesammelt. Hier gilt das gleiche wie bei Dion Fortune (Titel 9): Falls einem solche Dinge selbst zustoßen, ist es außerordentlich wertvoll, bereits über sie Bescheid zu wissen.

14. Rolf Herkert (Hrsg.): *Mind Machines*, Goldmann, München 1990.
Vielleicht wollen Sie ja nicht auf Ihren Meditationslehrer hören und mehr über technisch induzierte Bewußtseinsveränderung wissen: Hier finden Sie alles über Möglichkeiten und auch Risiken der kleinen, raffinierten Kästchen, die in Kapitel 14 beschrieben werden.

15. Bernt Hoffmann: *Handbuch des Autogenen Trainings*, Deutscher Taschenbuch Verlag, München 1992.
Eine Darstellung der Methode von H. J. Schultz, die kaum eine Frage offen läßt: Ihre theoretischen Grundlagen, ihr Vorgehen, ihre Auswirkungen und Anwendungen werden ausführlich dargestellt; und auch die weniger bekannte »Oberstufe« des Autogenen Trainings, die weit über bloße Entspannung hinausgeht, kommt zur Sprache.

16. Jean Houston: *Der mögliche Mensch*, Rowohlt, Reinbek 1987.
Wenn Ihnen die Schulung der inneren Sinne in Kapitel 10 zugesagt hat, wird dieses Buch eine wahre Freude für Sie sein – und eine Fundgrube von Anleitungen zu inneren Abenteuern, die nicht nur von der Kreativität der Autorin, sondern auch von ihrer genauen Kenntnis des menschlichen Nervensystems und der Psyche zeugen. Sogar Geschichten erzählen kann sie – was dem Verständnis des nicht immer einfachen Stoffes sehr förderlich ist.

17. Rupert Lay: *Meditationstechniken für Manager,* Ullstein, Berlin 1989.

Warum es gerade Manager sein müssen, ist nicht einzusehen – da wollte der Verlag wohl eine »Zielgruppe« schaffen. Ansonsten handelt es sich um das einführende Werk eines christlich geprägten Autors, der mit Fleiß und Gründlichkeit verschiedene Methoden zusammengetragen hat und sie etwas lehrerhaft, aber durchaus praktikabel präsentiert.

18. Lothar-Rüdiger Lütge: *Kundalini – Die Erweckung der Lebenskraft,* Verlag Hermann Bauer, Freiburg 1989.

Schon bei der in Kapitel 11 beschriebenen Chakra-Meditation kommen Sie in Kontakt mit jener Energie, die von den Indern auch *Kundalini* genannt wird. Wer in dieser Richtung weiterarbeiten will, tut gut daran, schrittweise und systematisch vorzugehen. Lütges Anleitungen können dabei eine große Hilfe sein.

19. Safi Nidiaye: *Meditation löst Lebensprobleme,* Ariston, Genf 1994.

Daß Meditation einen fähig macht, Lebensprobleme besser zu lösen, sagen alle Autoren; das führen sie allerdings auf Persönlichkeitsveränderungen beim Meditierenden zurück. Hier jedoch werden meditative Techniken vorgestellt, die gezielt bestimmte Effekte hervorrufen und genau umrissene Probleme lösen sollen. Ob es hilft, kann man wohl nur selbst ausprobieren. Auf jeden Fall werden einmal ausgetretene Pfade verlassen und dabei wertvolle Anregungen gegeben.

20. Osho: *Das orangene Buch,* Osho-Verlag, Köln 1989.

Bis kurz vor seinen Tode wurde Osho allgemein Bhagwan Shree Rajneesh oder kurz »Bhagwan« genannt. Er hat sich in seinen zahlreichen Vorträgen, aus denen meistens ein Buch wurde, oft mit Meditation auseinandergesetzt. Die beste Art, seinen eigenwilligen Umgang mit dem Thema kennenzulernen, ist aber immer noch dieses kleine Buch mit kurzen Betrachtungen und vielen Anleitungen.

21. George Pennington: *Die Tafeln von Chartres*, Walter-Verlag, Solothurn 1994.
Die in Kapitel 9 beschriebene Methode der visuellen Meditation hat einen faszinierenden historischen Hintergrund, der vom Autor ebenso beschrieben wird wie die praktische Arbeit mit den Tafeln.

22. Wulfing von Rohr: *Meditation*, Goldmann, München 1991.
Etwas für Leser, die die Kunst des Überblätterns beherrschen: Einem interessanten praktischen Teil stehen ziemlich entbehrliche allgemeine Ausführungen gegenüber. Auch erfahren wir zuviel über den Autor.

23. Georg Schmid: *Die Mystik der Weltreligionen*, Kreuz Verlag, Stuttgart 1990.
Viele Menschen, die sich als spirituell betrachten, versuchen berühmten Mystikern nachzueifern, ohne genau zu wissen, worauf sie sich da einlassen wollen. Der Autor beschreibt die inneren Erlebnisse von Mystikern als radikale Grenzerfahrung – und plädiert dafür, moderne esoterische Bemühungen bestenfalls »Mystizismus« zu nennen. Ein wertvolles Buch für Sucher, die die Erleuchtung allzu leichtfertig im Munde führen.

24. Margit Seitz: *Der Meditationsführer*, Schönbergers, München 1985.
Eines der wenigen Werke, in denen eine breite Palette von Meditationsmethoden vorgestellt wird. Margit Seitz tut dies redlich und langweilig. Leider beschäftigt

sie sich auch intensiv mit Astrologie, was sie auf die Idee brachte, die einzelnen Meditationsformen nach Sternzeichen einzuteilen.

25. José Silva und Philip Miele: *Silva Mind Control*, Heyne, München 1989.
Wie kann man meditatives Bewußtsein praktisch nutzbar machen? Diese Frage – die Puristen die Haare zu Berge stehen läßt – stand am Anfang der Entwicklung eines Bewußtseinstrainings, das nach seinem Erfinder benannt und hier von seinem Erfinder beschrieben wird. Daß er sich dabei mit einem professionellen Schreiber zusammengetan hat, erhöht die Lesbarkeit des Buches außerordentlich.

26. Edward Stevens: *Meditieren in allen Lebenslagen*, Rowohlt, Reinbek 1995.
Beinahe ein Fall von Konkurrenz: Wie im vorliegenden Buch beschränkt sich der Autor weitgehend auf praktische Anweisungen und läßt den Leser selbst herausfinden, was Meditation ist oder sein kann. Er orientiert sich dabei stärker an traditionellen spirituellen Schulen und beschreibt insgesamt weniger Übungen als ich. Noch ein wesentlicher Unterschied: Der Leser wird geduzt.

27. Ashley Thirleby: *Das Tantra der Liebe*, Heyne, München 1993.
Die uralte Lehre des Tantra (siehe Kapitel 14) wird heute oft so oberflächlich dargestellt, daß von ihr kaum mehr übrigbleibt als eine Ansammlung anregender Übungen. Thirleby vermeidet diesen Fehler. Zwar steht auch bei ihm die Praxis im Vordergrund; durch seine große Sorfalt und Ausführlichkeit hebt er sich aber wohltuend von anderen, allzu pragmatischen Darstellungen ab.

28. Janwillem van de Wetering: *Der leere Spiegel,* Rowohlt, Reinbek 1981.

Meditieren werden Sie aus diesem Buch wohl nicht lernen. Dafür bekommen Sie aber Einblicke, die sich anderswo selten bieten: Van de Wetering verbrachte als junger Mensch ein Jahr in einem japanischen Zen-Kloster. Hier schildert er seine persönliche Begegnung mit der Meditation und die Rolle, die sie im Klosterleben spielt. Für spirituelle Romantiker vielleicht etwas ernüchternd – es geht in der Praxis nicht immer so erhaben zu, wie wir im Westen uns das vorstellen.

Über den Autor

Rainer Kakuska, geboren 1944, hat in Wien und Hamburg Psychologie studiert und ging danach in die Publizistik. Er arbeitete als Autor, Lektor und Redakteur von Zeitschriften wie *Psychologie heute* und *esotera*. Heute lebt er als freier Publizist in Wien und gibt unter anderem die Reihe *kurz & praktisch* für den Verlag Hermann Bauer heraus.

Sein Interesse an Fragen des Bewußtseins und der Bewußtseinsentwicklung führte ihn zwangsläufig zur Meditation. Das vorliegende Buch ist Ergebnis einer über zwanzigjährigen persönlichen Erfahrung mit vielen verschiedenen Methoden. Auch zahlreiche Seminare, Workshops und Gespräche mit Meditationslehrern und -schülern haben darin ihren Niederschlag gefunden.

Die neue Reihe »... – kurz & praktisch«

Herausgegeben von Rainer Kakuska

Unter dem einheitlichen »Gesicht« einer Reihe werden zahlreiche Methoden und Techniken vermittelt, die der Heilung, Selbsthilfe und persönlichen Weiterentwicklung dienen – traditionelle spirituelle Disziplinen ebenso wie moderne Verfahren aus Psychotherapie, Bewußtseinstraining und Körperarbeit: Die Bücher bieten bei einem relativ geringen Umfang ein Maximum an praktisch relevanter Information; sie gehen jedoch weit über eine übliche Einführung hinaus. Die Bände sind als in sich geschlossene Lehrbücher weder auf weiterführende Literatur noch auf unterstützende Lehrveranstaltungen angewiesen. Ideal sowohl für Einsteiger als auch solche Leser, die bereits bestehende Kenntnisse systematisch vertiefen und praktisch umsetzen wollen.

Helmut Hofmann
Edelsteintherapie – kurz & praktisch
208 Seiten, gebunden; ISBN 3-7626-1104-1

Hans-Dieter Leuenberger
Tarot – kurz & praktisch
205 Seiten, gebunden; ISBN 3-7626-1100-9

Ingrid Kraaz von Rohr
Farbtherapie – kurz & praktisch
192 Seiten, gebunden; ISBN 3-7626-1102-5

Verlag Hermann Bauer · Freiburg im Breisgau

Sivananda Radha
Geheimnis Hatha-Yoga
Symbolik – Deutung – Praxis

317 S. mit über 300 Zeichn., geb.; ISBN 3-7626-0433-9

Swami Radha sieht den Körper als spirituelles Instrument,
das die esoterischen Botschaften der Asanas erfährt. Die
Grundlagen der hier dargestellten Methode sind die traditionellen Beschreibungen und Bezeichnungen der klassischen Asanas.
Die aus den Mythen und Überlieferungen verschiedener
Kulturkreise hergeleitete symbolische Bedeutung der
Asananamen verhilft dazu, Verständnis für ein Symbol
und seine Allgemeingültigkeit zu entwickeln. Sivananda
Radha macht uns jene Erkenntnisse zugänglich, die im
allgemeinen nur ein kundiger Meister seinen Schülern
vermitteln kann.

Kundalini-Praxis
Verbindung mit dem inneren Selbst

356 S. mit 18 Farbtafeln, 15 s/w-Abb. und 21 Zeichn.;
geb.; ISBN 3-7626-0445-2

Sivananda Radha zeigt, wie wir die schlafende Kundalini-
Energie erwecken können. Der Kundalini-Weg zielt auf die
Befreiung von allen Begrenzungen, auf Erleuchtung,
Selbstverwirklichung und letztlich auf die Vereinigung mit
dem Höchsten ab. Da Kundalini jedoch eine ungeheuer
starke Energie ist, ist es wichtig, zunächst ein sicheres
Fundament zu legen. Die Mittel dazu: Erweiterung des
Bewußtseins durch erhöhte Wahrnehmung und Kontrolle
des Geistes.

Verlag Hermann Bauer · Freiburg im Breisgau

Die neuen Dimensionen des Bewußtseins

esotera

seit vier Jahrzehnten das führende Magazin für Esoterik und Grenzwissenschaften: Jeden Monat auf 100 Seiten aktuelle Reportagen, Hintergrundberichte und Interviews über **Neues Denken und Handeln** Der Wertewandel zu einem erfüllteren, sinnvollen Leben in einer neuen Zeit.
Esoterische Lebenshilfen
Uralte und hochmoderne Methoden, sich von innen heraus grundlegend positiv zu verändern.
Ganzheitliche Gesundheit
Das neue, höhere Verständnis von Krankheit und den Wegen zur Heilung – und vieles andere.

Außerdem: ständig viele aktuelle Kurzinformationen über **Tatsachen die das Weltbild wandeln.** Sachkundige Rezensionen in den Rubriken **Bücher, Klangraum, Film und Video** sowie **Alternative Angebote.** Im **Kursbuch** viele Seiten Kleinanzeigen über einschlägige **Veranstaltungen, Kurse und Seminare** in Deutschland, Österreich, der Schweiz und im ferneren Ausland.

esotera erscheint monatlich. Probeheft kostenlos bei Ihrem Buchhändler oder direkt vom Verlag Hermann Bauer KG, Postfach 167, 79001 Freiburg